# 洹北商城

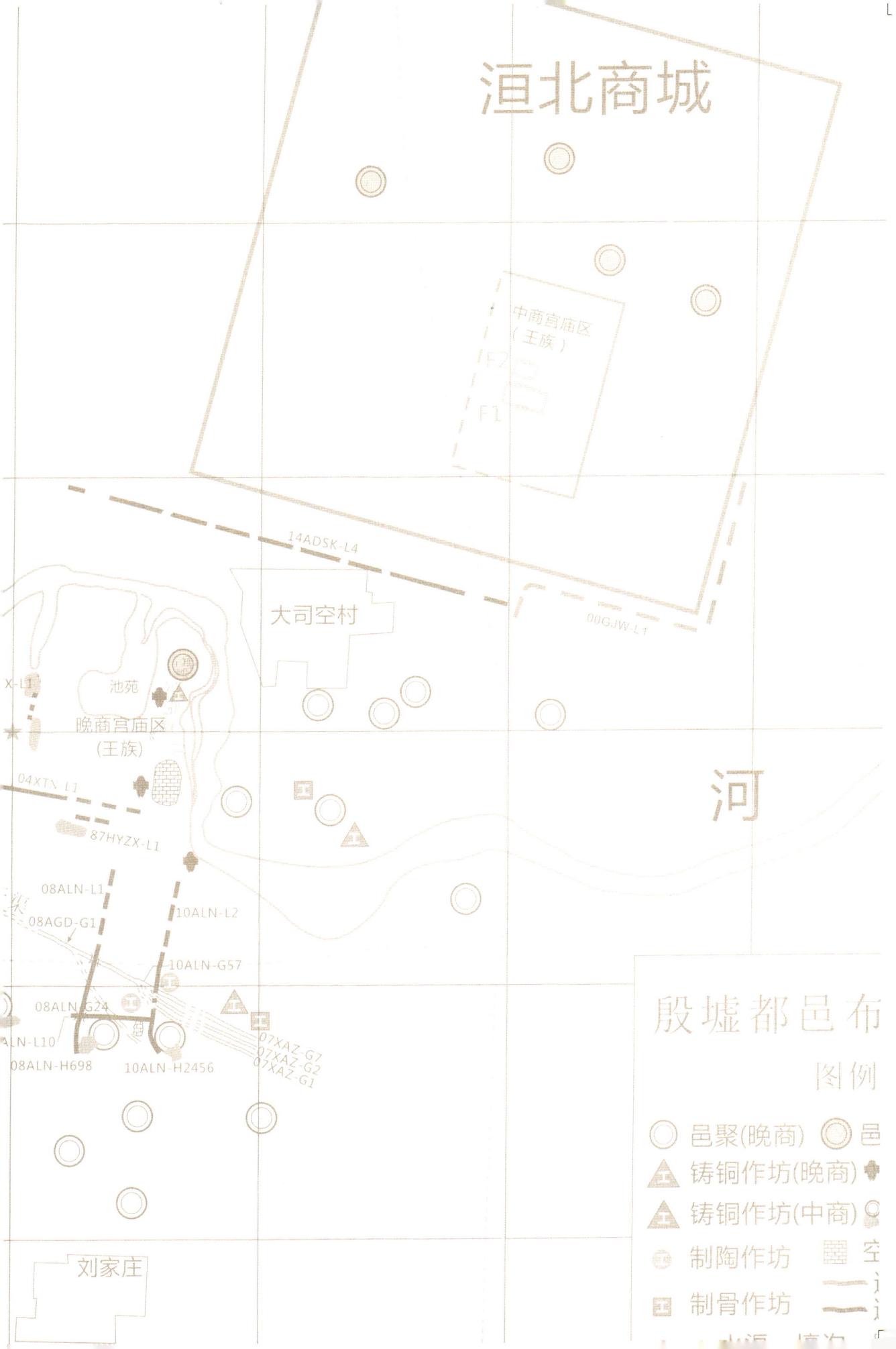

中商宫庙区
（王族）

F2
F1

14ADSK-L4

大司空村

00GJW-L1

X-L1

池苑

晚商宫庙区
（王族）

河

04XT-L1

87HYZX-L1

08ALN-L1
08AGD-G1
10ALN-L2

10ALN-G57

08ALN-G24

07XAZ-G7
07XAZ-G2
07XAZ-G1

ALN-L10
08ALN-H698　10ALN-H2456

刘家庄

## 殷墟都邑布

### 图例

○ 邑聚（晚商）　◎ 邑
▲ 铸铜作坊（晚商）
▲ 铸铜作坊（中商）
⊙ 制陶作坊
▣ 制骨作坊

YINXU

中国社会科学院创新工程学术出版资助项目

发现殷墟丛书
FIND YINXU

丛书主编　陈星灿　唐际根

# 殷墟

## 出 土 骨 角 牙 蚌 器

BONES, HORNS, IVORIES AND
SHELLS UNEARTHED FROM YINXU

主编　何毓灵　李志鹏

社会科学文献出版社
SOCIAL SCIENCES ACADEMIC PRESS (CHINA)

殷墟王陵区

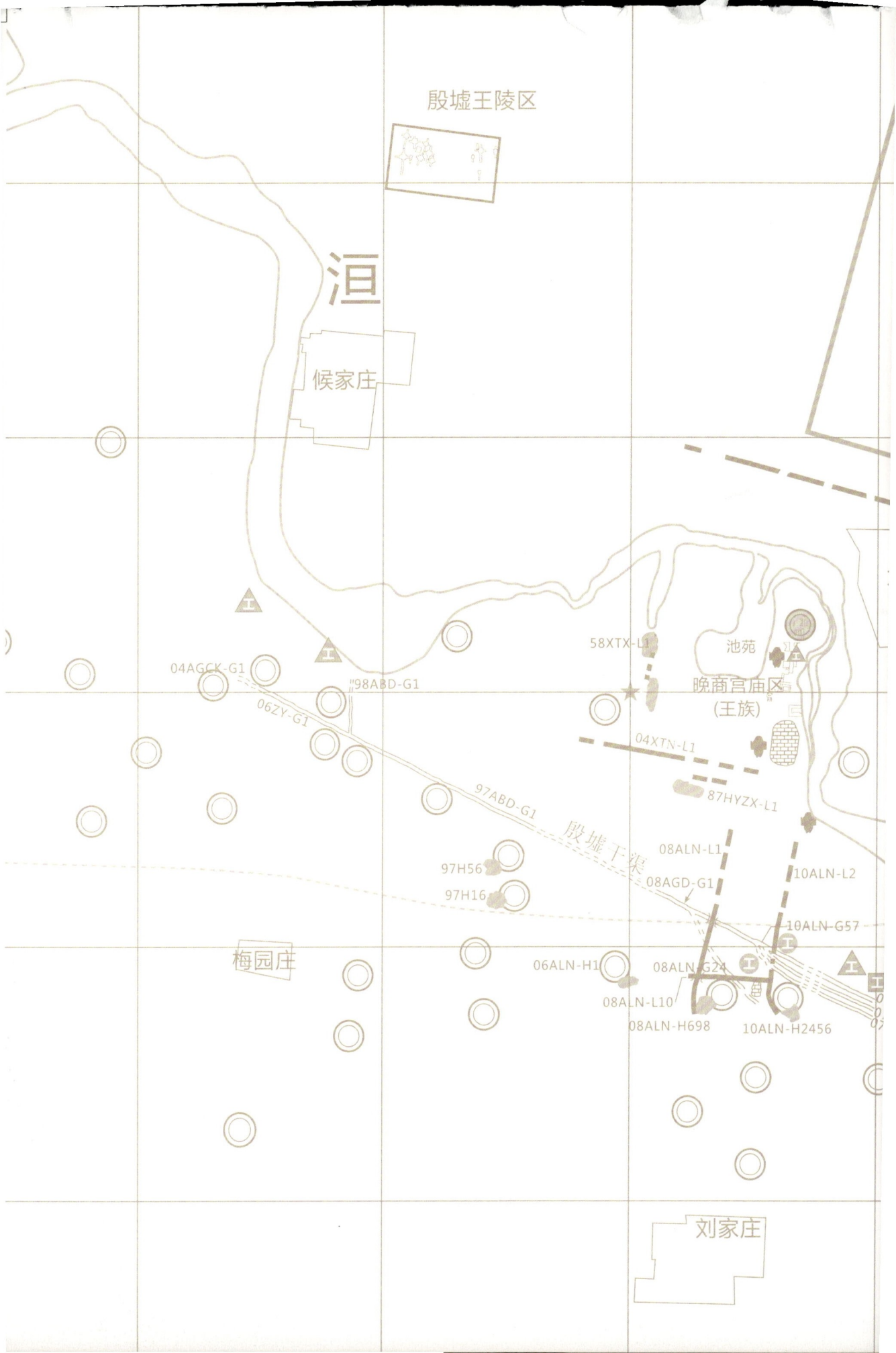

洹

候家庄

04AGCK-G1
06ZY-G1
98ABD-G1
58XTX-L1
池苑
晚商宫庙区
（王族）
04XTN-L1
97ABD-G1
殷墟干渠
87HYZX-L1
08ALN-L1
97H56
08AGD-G1
10ALN-L2
97H16
10ALN-G57
梅园庄
06ALN-H1
08ALN-G24
08ALN-L10
08ALN-H698
10ALN-H2456

刘家庄

# 发现殷墟丛书

## 学术顾问
郑振香　杨锡璋　刘一曼　徐广德　刘忠伏

## 编辑委员会
陈星灿　朱岩石　唐际根　牛世山　岳洪彬
何毓灵　岳占伟

## 丛书主编
陈星灿　唐际根

# 序 一

到2018年的10月13日，殷墟发掘已经满90周年了。

殷墟的田野考古工作，从1928年秋天开始，到1937年日本发动全面侵华战争结束，中央研究院历史语言研究所在以小屯为中心的洹河两岸共11处遗址做了15次发掘工作。虽然前后只有短短的9年时间（1930年因故停工一年），但是在小屯发现殷商王朝的宫殿区，在侯家庄西北冈发现规模巨大的殷商王陵，把中国的信史推到3000多年以前，把商文明在文化、科学和艺术上所能达到的高度也展示到世人面前。后冈的发掘，不仅发现了殷商文化在上、龙山文化居中、仰韶文化在下的地层叠压关系，即所谓的"后冈三叠层"，还肯定了龙山文化是"豫北殷文化的直接前驱"，初步廓清了商文化与中国新石器时代文化的渊源关系，殷墟成为追寻中国文明起源的一个起点。

殷墟还是中国考古学的发源地。中国第一代田野考古学家，多半都是在殷墟成长起来的。选择殷墟作为中国国家考古研究机构的第一个发掘地，建立工作站并且持之以恒地长期工作，不仅形成了中国考古学的历史学传统，也在理论、方法和技术上塑造了中国考古学。毫不夸张地说，中国考古学至今仍带有浓重的殷墟考古的色彩。殷墟考古还为初生的中国考古学赢得了广泛的国际声誉。

1950年，新中国成立伊始，百废待兴，殷墟的发掘工作便恢复了。如果把这68年的工作算作殷墟考古的第二个阶段，除了"文革"期间有短暂的中断之外，近70年来，以中国社会科学院考古研究所（1977年前属中国科学院）为主导的殷墟考古，又发展到一个新的更高的阶段，取得喜人的成绩。殷墟考古的时空范围空前扩大，在小屯周围方圆36平方公里的范围内，都有不少重要的发现。建立在陶器类型学基础上的殷墟文化分期日臻完备，殷墟考古的时空框架得以建立。在小屯西北地发现没有经过盗掘的武丁配偶——妇好之墓，这是殷墟考古史上唯一一座可以确定墓主和墓葬年代的商代王室墓。1973年，在小屯南地发现5041片刻字甲骨，这是继1936年在小屯北地发现YH127坑，获得17096片刻字甲骨之后有关甲骨的最重要的一次科学考古发现，极大地丰富了甲骨卜辞的研究内容。

在多个不同地点发现了一系列铸铜作坊和制骨、制玉遗址。世纪之交，于洹河流域系统调查的基础上，在洹河北岸发现了传统意义上的殷墟之前的洹北商城遗址，把商王定都殷墟的历史前推到中商时期。以器物为中心的考古调查和发掘，最终转向以探讨殷墟范围和布局为中心的社会考古学研究。不仅发现了大量的居址和数以万计的墓葬，还发现了道路网和水利系统，肯定了商人聚族而居、聚族而葬的聚落模式。多学科合作传统得以延续，人骨研究、动物考古、植物考古、冶金考古、陶器分析、DNA和同位素分析等等，为我们了解商代的人类和社会，特别是农业、手工业、商业和贸易以及与周围诸多方国文化的关系，提供了全新的材料和观察视角。1961年，殷墟成为国务院公布的第一批全国重点文物保护单位。进入21世纪以来，殷墟又相继被列入联合国教科文组织公布的世界文化遗产名录和首批国家考古遗址公园名单。

在某种程度上，我们也许可以说，90年来的殷墟考古就是中国近代考古学发展的一个缩影。

经过几代人持续不断的艰苦努力，考古工作者几乎调查和发掘到殷墟的每一个角落，我们对这座商代中晚期都城和商文明的了解，应该说达到了前所未有的高度。但是，我们也得承认，还有很多秘密，或者仍深埋在地下，或者因为自然和人为的破坏，已经永远地消失了。值此殷墟发掘90周年纪念之际，考古所安阳工作队的同志们，回顾殷墟发掘的历史，又精选出1950年以来特别是最近二三十年来科学发掘出土的青铜器、玉器、陶器、骨角牙蚌器等等，出版相关图录，从现代考古学的视角，向学术界提供准确可靠的实物资料。殷墟出土的青铜器、玉器，过去已经由中国社会科学院考古研究所编辑出版过《殷墟青铜器》（1985）、《殷墟新出土青铜器》（2008）和《殷墟玉器》（1981）、《安阳殷墟出土玉器》（2005）等图录，但是以全形拓的形式大量展示殷墟科学发掘的青铜器，这还是第一次；陶器方面，除了李济先生早年出版过一本包括许多线图和照片的《殷墟陶器图录》（1947）外，迄今尚未出版过一本严格意义上的殷墟陶器图录；骨角牙蚌器虽出土不少，但也从来没有以图录的形式展示过。公布考古调查和发掘资料，一般采取考古简报和考古报告的形式，殷墟考古已经出版了数十部（篇）调查发掘报告和简报，做出了很好的表率，但是还有很多考古简报、报告等待编写或出版。以图录的形式发表殷墟的青铜器、玉器、陶器和骨角牙蚌器等科学发掘标本，不仅可以弥补考古发掘报告的不足，满足学术界同仁从细部观察殷墟出土遗物的需要，也可以促使发掘者尽早公布更加完整的考古发掘资料，进而促进学术研究的进步。

在殷墟发掘90周年来临之际，发现殷墟丛书陆续编辑出版，这是殷墟近百年考古发掘和文物保护的历史记忆和见证，也是几代考古学家前赴后继砥砺前行的纪念和记录，是一件特别值得高兴的事情。发现殷墟丛书图书出版在即，抚今追昔，说一点心里的话，以表达喜悦和祝贺之意。

陈星灿

2018年7月19日

# 序　二

由于殷墟对于中国考古学史有着重要意义，每逢整年齐庆典，考古学界都要相聚志庆。殷墟发掘六十周年（1988年）、七十周年（1998年）、八十周年（2008年）时，两岸学者都曾以学术会议的形式纪念。2018年的10月，殷墟迎来90周年发掘纪念日，作为长期专门从事殷墟发掘和研究的单位，我们以何种方式来纪念呢？

2016~2017年，我们反复商议，决定编辑发现殷墟丛书，希望通过编辑丛书的方式来表达我们对殷墟喜庆之日的祝贺，同时也希望通过出版丛书，对殷墟的工作有所总结。

编撰丛书的方式得到中国社会科学院考古研究所的热情支持。2017年，在社会科学文献出版社周丽编审的热情支持下，我们专门向中国社会科学院科研局申请专项出版经费，并获得通过。

按照我们的计划，丛书中必须包括一部能综合记录殷墟90年发掘的人物和事件的作品。殷墟发掘始自1928年，2018年正好是殷墟科学发掘90周年。殷墟的发掘进程与整个中国考古事业所伴随的政治形势、文化形势、经济形势密切相关，呈现出明显的阶段性。

1928~1937年的殷墟发掘早期十年，是中国考古学的奠基阶段。这一阶段，现代田野考古学通过殷墟发掘在中国扎根。李济、梁思永、董作宾等中国考古学先驱，不仅发掘了商代宫殿建筑、王陵大墓，还在发掘方法、地层划分、器物整理、甲骨分期等方面做出了卓有成效的探索。

1950恢复发掘后，直至20世纪90年代中期，殷墟的考古工作进入特殊历史时期。学术界习惯于用这阶段的考古材料来解释历史，尤其是解释奴隶制时代中国的社会面貌。尽管如此，该阶段还是取得了殷墟文化分期等重大学术成果。

20世纪90年代中期以后，中国社会更加开放。殷墟的考古工作适应这种新形势，自觉融入了全球考古学的发展潮流中。环境、布局、社会组织、城市人口等科学问题被提上日程。区域调查、锶同位素、岩相学、实验考古等多种手段得以应用于科研。更重要的是，殷墟遗址作为人类重要的文化遗产，如何保护、利用,惠及社会和服务公众受到前所未有的重视。2006年殷墟列入世界文化遗产名录,是这一阶段最重要的标志。

鉴于这一缘由,我们首先将《殷墟九十年考古人与事》作为发现殷墟丛书的第一部定下来。

按照我们最初的设想,除了编撰一部《殷墟九十年考古人与事》之外,还希望编撰《殷墟九十年考古经典资料》和《殷墟九十年考古经典论文》。前者试图涵盖1928年殷墟发掘以来最重要的考古发现的简报和报告摘要,后者试图涵盖1928年以来学术界对殷墟研究、商代考古研究产生过决定性影响的学术论文。殷墟发掘的历史上,宫殿宗庙基址的发现、王陵大墓的发现、妇好墓的发现、洹北商城的发现,都是不能忘记的重要考古成果。同样,梁思永关于"后冈三叠层"的论文、董作宾关于殷墟甲骨分期的论文(甲骨断代研究)、邹衡和郑振香关于"殷墟文化分期"的论文,以及近年安阳队同仁们殷墟布局的论文也都应当载入史册。

然而丛书编撰过程远没有计划之中顺利。宏大的计划与有限的时间,迫使我们延后了编撰《殷墟九十年考古经典资料》和《殷墟九十年考古经典论文》的工作。好在通过大家的努力,我们最终完成了以下五部图书:

《殷墟九十年考古人与事》(唐际根等主编)

《殷墟出土陶器》(牛世山等主编)

《殷墟青铜器全形拓精粹》(岳洪彬等主编)

《殷墟出土骨角牙蚌器》(何毓灵等主编)

《殷墟出土玉器新编》(唐际根等主编)

这五部书中,《殷墟九十年考古人与事》意在以殷墟发掘历史上的事件与人物为中心,对殷墟发掘历史的全程做出评价。其他四部,编撰《殷墟出土陶器》一书,显然是考虑到殷墟陶器独特的重要性。毕竟殷墟陶器分期早已成为中国各地商代遗址的断代分期标尺。《殷墟青铜器全形拓精粹》的特殊性在于传统拓片技术本身的价值。而《殷墟出土骨角牙蚌器》一书可补殷墟各种图录对骨角牙蚌器的忽视。至于《殷墟出土玉器新编》一书,其不同于以往之处,在于它注重通过殷墟玉器的料、工、形、沁对殷墟玉器溯源。

唐际根

2018年7月30日

# 目录
CONTENTS

殷墟晚商制骨作坊与制骨手工业的研究回顾与再探讨 // 01

殷墟出土之钻陀及相关问题 // 18

殷墟甲骨及骨角牙蚌器概述 // 29

## 骨器

### 工具类

骨刻刀 // 65

骨刻刀 // 66

骨刻刀 // 67

骨刻刀 // 67

骨锥 // 68

骨锥 // 68

骨锥，三件 // 69

骨锥 // 70

骨铲 // 71

骨铲 // 71

### 用具类

骨豆 // 72

骨器盖 // 72

骨觚形器（三面） // 74

骨梳 // 75

骨勺 // 75

骨勺 // 75

鱼形骨觿 // 76

鱼形骨觿 // 76

虎形骨觿 // 76

骨匕 // 77

骨匕 // 77

骨匕 // 78

雕花骨匕（正反面）// 78

雕花骨匕 // 79

雕花骨匕 // 79

雕花骨匕 // 80

刻辞骨匕（照片与拓片）// 81

骨针 // 82

骨针 // 82

## 武器类

骨镞 // 83

骨镞 // 83

骨镞 // 83

骨镞 // 84

骨镞（正反面）// 84

骨镞（正反面）// 85

骨镞（正反面）// 85

骨镞 // 86

骨镞（正反面）// 86

骨镞 // 87

骨镞 // 87

骨镞（正反面）// 88

骨镞 // 88

骨镞 // 89

骨镞（正反面）// 89

骨镞 // 90

骨镞 // 90

骨镞 // 91

骨镞 // 91

骨镞 // 92

骨戈 // 92

## 装饰品类

骨笄 // 93

骨笄 // 93

骨笄 // 93

骨笄 // 94

骨笄 // 94

骨笄 // 94

骨笄 // 95

活帽骨笄 // 95

活帽骨笄 // 96

骨笄帽 // 96

骨笄 // 97

骨笄 // 97

骨笄 // 98

骨笄 // 98

骨笄 // 99

骨笄 // 99

骨笄 // 100

骨笄 // 100

骨笄 // 101

骨笄 // 101

骨笄 // 102

骨笄 // 102

骨笄 // 102
骨泡 // 103
骨泡 // 103
骨饰 // 104
骨饰 // 104
骨管 // 105
骨管 // 105
骨管 // 106
骨饰 // 106
骨饰 // 106
骨饰 // 107
骨饰 // 107
骨饰 // 108
骨饰 // 109

骨饰 // 109
骨雕 // 110
骨饰 // 111
雕花骨器 // 112
骨虎（正反面） // 113
骨蛙（正反面） // 114
骨蛙（正反面） // 114
骨鸟 // 115
骨埙 // 115
骨管形器（两件） // 116
"五"字纹骨器 // 117
骨凹形器 // 117
骨凹形器 // 118
骨凹形器 // 118

# 角器

鹿头骨 // 121
鹿角 // 121
鹿角 // 122
鹿角 // 122
加工后鹿角 // 123
鹿角器 // 124
鹿角器 // 124
鹿角器 // 124
鹿角器 // 124
鹿角器 // 125
鹿角锥 // 125
鹿角器 // 126
羊角器 // 126
雕花鹿角器 // 127
刻字角器 // 128

## 牙器

猪牙 // 131

牙质马笼头 // 132

象牙饰 // 133

象牙钮 // 133

象牙梳 // 134

象牙梳 // 134

象牙器柄 // 135

象牙豆 // 136

带流虎鋬象牙杯 // 137

夔鋬象牙杯 // 138

## 蚌器、贝、螺

蚌饰 // 141

蚌饰 // 141

蚌饰 // 142

蚌饰 // 142

蚌饰 // 143

蚌饰 // 143

蚌饰 // 144

蚌饰 // 144

蚌饰 // 144

蚌饰 // 145

蚌饰 // 146

蚌饰 // 146

蚌饰 // 146

蚌饰 // 147

蚌饰 // 147

蚌饰 // 147

蚌饰 // 148

蚌饰 // 148

蚌饰　// 149
蚌饰　// 149
蚌饰　// 149
蚌饰　// 150
蚌泡　// 150
蚌泡　// 150
蚌泡　// 151
蚌泡　// 151
蚌泡　// 151
蚌泡　// 152
蚌饰　// 153
螺钿漆器　// 154
蚌纺轮　// 155

蚌镰　// 155
蚌镰　// 155
货贝　// 156
货贝　// 157
螺壳组合凤鸟图案及对比图　// 158
文蛤　// 159
凤螺　// 159
红螺　// 159
耳螺　// 160
钻螺　// 161
榧螺　// 162
毛钳　// 163
蜗牛壳　// 164

## 鳄鱼骨

鳄鱼骨　// 167
鳄鱼骨　// 168

## 半成品及加工工具

骨笄半成品或残次品　// 171
骨锥等器物的半成品或残次品　// 172
截取的骨料　// 173
制骨废料　// 173
磨石　// 174
磨石　// 174

磨石　//　174

铜锯　//　175

石钻陀及铁三路制骨作坊钻陀复原　//　176

# 殷墟晚商制骨作坊与制骨手工业的研究回顾与再探讨

李志鹏　何毓灵　江雨德（Roderick B. Campbell）*

殷墟出土的制骨作坊遗迹以及与制骨有关遗存的发现表明制骨手工业是晚商手工业产生的重要部门。严格地讲骨器包括利用动物的骨、角、牙制造的各种生活用器、生产工具、武器、乐器、装饰品、雕刻艺术品以及其他杂器等，既包括各种实用器（如针、锥、刻刀、匕、笄、梳、勺、镞、铲等），也包括各类装饰品以及与礼仪活动有关的器物（如珠、环、埙、雕刻艺术品等）。骨器的种类多样，用途广泛，在晚商时期人们的社会、经济、政治、礼仪中扮演了重要的角色，因此研究骨器对于研究当时社会、政治、经济等有着特别的意义。殷墟的考古发掘揭示，晚商时期生产骨器的作坊已经发现数处，与骨器制造有关的骨料等遗物数量惊人，这些都显示了晚商时期制骨手工业的规模巨大，专业化程度很高。研究殷墟的制骨作坊与制骨手工业，对于复原骨器手工业的工艺与流程、生产规模以及从制骨工业的角度探讨当时手工业的专业化、经济乃至社会政治等都有着极为重要的意义。前辈学者对殷墟的骨器与制骨手工业做过一定的探讨，本文拟在其基础上，结合近年来我们对殷墟制骨作坊遗址和其他遗址出土的骨料等所做的初步研究，对已发表的考古材料进行再检讨，为今后殷墟制骨作坊与制骨手工业的进一步研究铺垫基础，并求正于学界。

## 一　研究回顾

李济先生在《安阳》一书中对制骨业有过简略的介绍。他认为殷商时期制骨产业已进入非常高的发展阶段，并指出历史语言所在安阳的发掘中，发现在不少

---

\* 李志鹏，中国社会科学院考古研究所，副研究员。
　何毓灵，中国社会科学院考古研究所，研究员。
　江雨德（Roderick B. Campbell），纽约大学，教授。

储藏坑中有一半填的是未加工的骨料，明显是为制骨作坊收集的。他认为安阳出土的骨器可分为两组：（1）占卜用的肩胛骨与龟甲；（2）其他骨制品，如骨箭头、针、锥、削、骨笄、骨梳等。前者是由专人收集，由有一定技术和技能的专门人员整治，这些人可能属于特权阶层；而其他骨制品也需要有经过一定训练的制骨工人制作。《安阳》"殷商的装饰艺术"一章则对骨雕艺术和工艺做了一些介绍。总体上说，李先生对殷墟的制骨作坊与制骨手工业的论述较为概略。[1]

陈志达先生对于殷墟制骨工艺与流程、制骨作坊性质与制骨手工业的某些相关问题做过研究。如骨料采用的动物骨骼部位，动物种属及其相对数量比例，骨料的形状分类与适宜制作哪一类骨器，特定制骨作坊的主要产品推测，制骨技术和骨器的制作程序，骨器取料与加工的工具推断，锯痕、锉痕、钻孔、削痕、磨痕分析及相关取料、加工方法的推测，对某些骨器如活帽插杆式骨笄的工艺流程的复原。难能可贵的是，陈先生等还做过骨器锯切、锉磨的实验，以考察不同的锯切工具留下的不同锯痕，这实际是一种初步的实验考古。对于制骨生产的性质，陈先生认为北辛庄与大司空制骨作坊都是以生产骨笄为主，生产的目的是为了出卖，可能属于商品性生产。另外他还根据考古发现推测当时除了专业性的作坊外，一些平民可能也自行制造骨器，这种推测是合理的。[2]

杨锡璋先生对殷墟骨器的制造者作过简要的探讨，认为镶嵌绿松石的刻花骨器、象牙器是在王室或贵族控制的工场中制造出来的，而大辛庄与大司空村的制骨作坊的所有者是生产普通骨笄的专业手工业者。此外，他提出，除了专业手工业者外，在殷墟的一些房屋基址和灰坑中，经常发现有成品或半成品的骨器等，其中有些可能是一般平民利用生产的空隙时间从事的家庭手工业产品,有的可能也是交换来的，因此制骨这种与平民日常生活有关的手工业，既有专业的，也有副业性的。[3]

孟宪武、谢世平先生对殷墟制骨场所的分布、规模、作坊的控制者或经营者、手工业生产者的身份、制骨工艺流程与步骤、产品种类以及晚商骨器制造业发展的历史阶段、动因与意义等进行了较为全面的探讨。[4]鉴于该文涉及的主题较多，将在下文具体问题的讨论中论及。

1935~1936年中央研究院历史语言研究所在大司空村南做过两次发掘，近年经对高去寻先生遗稿中发掘报告的整理出版，其中遗址的第一期小屯期即指殷墟文化时期。李永迪先生结合中国社会科学院考古研究所对殷墟文化分期成果研究，认为史语所发掘出土制骨有关遗物的灰坑可以依据层位关系进一步认定为殷墟2期或更早，考古所发掘的骨料坑年代分属殷墟2期与3期，与作坊有关的半地穴式房子则为殷墟3期，史语所发掘地点内殷代制骨活动的规模不大，可能属于中国社会科学院考古研究所1958~1960年发掘的制骨作坊的边缘。[5]

此外，在殷墟历年的发掘简报与报告中，凡涉及骨料与制骨作坊的研究也分别对有关问题作过一些讨论。

总结殷墟出土制骨作坊与制骨手工业的研究成果，可以发现这方面的研究仍然相对较为单薄。归其原因，一个方面是因为骨器生产涉及对动物骨骼的认识，古人制作骨器也往往根据动物的骨骼特性发展了制骨工艺，因此缺乏动物考古学知识的专门研究人员参与骨器生产的研究，很大程度上限制了制骨工艺的深入研究。另外一个重要方面是，以往的中国学者缺乏在手工业生产专业化的视角下进行理论与方法的探讨，具体到制骨手工业很难系统深入探讨涉及手工业生产的各个层面的学术课题。这也是与中国考古学发展的现状密切相关。难得的是探讨这方面研究的学者，已经努力从各种角度尽可能对不少问题进行了深入的分析，有的方面的尝试如运用类似实验考古学的研究思路对骨料加工方法的探讨则尤为难能可贵。

鉴于这些问题，我们对殷墟铁三路制骨作坊遗址于2006年考古发掘出土的动物骨骼进行了分析研究，设计了对所有骨料按单位称重、浏览与对抽样单位出土动物骨骼全面分析相结合的方法，第一次有动物考古学的专门研究人员介入，设计了对骨料鉴定、观察、测量、称重的记录方法与要点，并在分析完一个具体考古单位的样品后进行总结，对记录方法进行适度的调整，有时候还返回原单位进行再观察。在分析抽样单位出土的动物骨骼时，对每一件骨骼进行了编号。鉴定动物具体种属时采取谨慎保守的态度，不能鉴定到具体的种则不过度鉴定，例如对于可能为黄牛的骨片有的只鉴定到如大型牛科动物或大型哺乳动物的动物分类单元中。在鉴定动物骨骼为哪一类骨骼时，结合骨骼的形状、厚度、大小以及骨骼内壁的形状、纹路、是否有松质骨等具体特征来全面分析，最终把大多数的骨片鉴定到具体的骨骼类别，为深入、准确地分析具体骨骼的取料、加工方式提供了形态学鉴定和定量统计的基础。通过第一阶段的鉴定与初步分析，我们对殷墟时期铁三路制骨作坊反映的选料、取料、预成形、加工等一系列制骨手工业流程和工艺以及制作的骨器种类和主要产品有了较为明晰的认识，对制骨工业的规模和相关的手工业生产组织有了一定的了解。[6]

## 二 骨器与制骨手工业产品的性质

在人类学与考古学对物品的研究中，因物品被赋予的价值、功用以及在古代特定社会的"意义"不同，对物品进行界定与分类的方法也多种多样。手工业产品自然也是物品，对其界定和分类也存在这样的问题。人类学理论中对物品或手工业产品的分类中，最主要的一种是将之划分为必需品（Necessities）与威望物品（Prestige Goods）。必需品是指满足基本的家庭需要（主要是在生物学的意义上能使生命赖以延续、繁衍的需求）的物品，是一个社会内部所有个体都要用到、有着普遍价值的东西，而威望物品只是社会某一或某些群体、集团、阶层能够得到的贵重物品。必需品又被称为主要产品、实用品、日常用品、生计物品等，威望物品也被称为财富物品、贵重物品、奢侈品等。威望物品等一类用语强调的是物品在政治意义上的作用，通常是指如夸富、炫示身份地位等方面竞争性的炫示，而必需品等一类用语则强调的是物品在经济意义上的作用。但是，有时候这种划分并不是那么泾渭分明，某种物品可能既是威望物品又是实用品。必需品与威望物品的划分并不是物品本身的本质属性，而是在具体社会背景与文化背景中被赋予的功能性属性或社会文化属性。[7]

骨器一般多数被视为实用器、日用品等，如骨针、锥、刻刀、匕、笄、梳、勺、镞、铲等，属于必需品一类范畴，但骨珠、环、象牙杯等雕花骨器又被看作奢侈品、贵重物品，属于威望物品一类范畴。骨笄既是实用器、必需品，又可能是贵重物品、威望物品，任何阶层都需要使用骨笄，但是贵族使用的精美骨笄又可以是威望物品，如妇好墓中出土的精美的成组雕花骨笄，显示了妇好特殊的身份与地位。因此一件骨器到底是必需品还是威望物品，需要在具体背景中具体分析。

殷墟的制骨活动中，一类制骨活动的产品是大宗日常生活使用的实用器，如骨锥、笄等，一类制骨活动的产品则可能主要是熟练工匠或巧匠制作的雕花骨器等贵重物品。产品的性质与潜在消费者不同，也决定了这两类制骨活动的性质与组织管理方式不同。

## 三 殷墟制骨作坊与制骨手工业的若干相关问题

殷墟的制骨作坊迄今已经发现多处。根据最新的考古发现，孟宪武、谢世平认为存在花园庄、薛家庄村南、北辛庄3处大型制骨场所以及大司空村、小屯村附近的两处小型制骨场所，而且认为花园庄与薛家庄村南两处制骨场所应是王室直接控制，北辛庄制骨作坊的经营权则推测隶属当时某一个部族。[8] 但是通过对已发表的材料的检验和我们近两年对殷墟铁三路制骨作坊（即薛家庄村南制骨作坊）材料的分析，认为孟、谢二位先生的一些认识还需要推敲。下面结合考古材料对制骨作坊的界定、殷墟制骨作坊的确认、分布、年代、规模、性质、组织管理、生产运营链、制骨流程以及发展动力条件等作一些探讨。

1. 制骨作坊的定义和确认

马萧林先生认为制骨作坊是指生产骨器的场所，在考古遗址中界定制骨作坊一般应满足三个基本条件：①有比较固定的生产活动空间；②作坊内（即原生堆积）或次生堆积中出土有骨器加工工具；③作坊内或次生堆积中出土有骨器成品、坯料和废料，它们之间具有制作工序上的关联性，即能够清晰地看出骨器加工的整个流程。他指出，在实际的考古发掘中，很少发现原生的作坊遗迹，常见的是次生堆积，而通常情况下，原生作坊很可能就在次生堆积附近，要么还残留基址，要么荡然无存，因此在实际操作中，研究者往往把一些集中出土相关制骨遗物的次生堆积视为作坊遗迹。[9]

马萧林先生界定制骨作坊的要素我们基本认可，但是应该注意，骨器成品、坯料和废料必须有一定量的发现和规模，否则有可能只是家庭副业的一部分，不足以构成一个作坊。史前遗址的灰坑或地层中有时候能发现构成"操作链"的骨器成品、坯料与废料，也发现有制骨工具，但其骨器制作活动可能只是为了供家庭内部需要。

2. 殷墟制骨作坊确认及相关问题

目前殷墟遗址公认的制骨作坊有北辛庄、大司空、薛家村南（或铁三路）制骨作坊，至于花园庄、小屯两个地点是否存在制骨作坊尚有不同看法。下面将逐一梳理殷墟与制骨有关的发现，讨论存在哪些可以确认的制骨作坊及其相关问题。

（1）大司空村制骨作坊

目前学者公认大司空村附近存在一处制骨作坊，虽然对其规模存在不同的认识，如陈志达先生认为该作坊是殷墟范围内目前已知最大的制骨作坊，孟宪武、谢世平二位先生则认为该作坊只是一处小型的制骨作坊。

大司空村制骨作坊位于洹河北岸的大司空村南地与东南地。早在1935~1936

年，中研院历史语言研究所考古组就在村南做过两次发掘，其中第二次发掘面积为 1100 平方米，发现有骨角器、料以及与铸铜有关的遗物，考古报告直到 2008 年才出版。[10] 河南省文化局文物工作队第一队 1955 年在豫北纱厂宿舍西南角（大司空村东南）发掘 2 米见方的探坑（小探方）2 个，其中北部探坑 1 的晚商文化层中出土大量带有锯痕的骨料和经过加工过的成品和半成品（就器形来看，多系骨笄和笄帽），骨料总计不下千件。[11] 中国科学院考古研究所（现中国社会科学院考古研究所）在 1950 年以后又在大司空村附近陆续做过多次发掘，其中 1953~1954 年发掘时出土过零星陶范等铸铜遗物，1960 年发掘的第四区发掘面积为 250 平方米，发掘者估计制骨作坊遗址约 1380 平方米左右，发掘了作为制骨"工房"的半地穴式房子一座，属于殷墟文化 3 或 4 期，[12] 出土大量骨料、半成品、废品以及角料等与制骨有关遗物的灰坑 12 个，其中两个坑属于殷墟文化 2 期，其余均属殷墟文化第 3、4 期。史语所发掘地点晚商制骨遗存可能属于考古所 1960 年发掘的制骨作坊的边缘，最早的遗迹可进一步定为殷墟文化 2 期或更早。[13] 可以看出，大司空村制骨作坊的使用年代从殷墟文化 2 期一直延续到殷墟文化 4 期，其中殷墟文化早期（1、2 期）的制骨遗存发现较少，而以殷墟文化晚期（3、4 期）制骨遗存发现最丰富。

大司空村制骨作坊目前发现有半地穴式制骨"工房"，口部东西长 1.55 米，南北长 4.4 米，周壁平直，坑壁抹有草拌泥，底部不甚平整，东侧有一条斜坡通道，房内遗留有大量骨料、半成品和一些制骨工具，如铜锯、铜钻等，这些应该都属于原生制骨作坊及制骨时留下的原生堆积。骨料坑大部分分布在房子的南北两端，当属于弃置作坊的制骨活动垃圾的次生堆积。根据大司空村制骨作坊内出土的制骨坯料、废料、半成品可以大致看出当时的制骨基本程序以及某些骨器制作加工的全过程，[14] 并且出土有锯切、加工骨料的青铜锯、钻与磨石等制骨工具，而考古所发掘的区域出土骨器半成品、坯料和废料有 3 万余块。史语所、河南省文化局文物工作队第一队、社科院考古所各自发掘的与制骨活动有关的区域应当属于同一制骨作坊，从几家单位发掘的区域与制骨活动有关的遗迹分布范围来看，作坊面积可能超过 1 万平方米。

从上述现象可以看出，大司空村制骨作坊不仅符合界定制骨作坊的所有要件，可确认为一处制骨作坊，而且是晚商时期殷墟一处沿用时间长的大型制骨作坊。

在该作坊出土的骨制半成品中以笄杆和笄帽占大部分，其次为锥，镞和匕较少见，与骨料中多数适宜制作笄杆和笄帽相一致，因此该地点很可能是一处生产骨笄为主的制骨作坊。

（2）北辛庄制骨作坊

北辛庄制骨作坊位于洹河南岸，在孝民屯正西约600米，东距小屯村约3公里，遗址在北辛庄村南300米处，属于殷墟西部边缘。1959年中国科学院考古研究所（现中国社会科学院考古研究所）曾在该处发掘约250平方米，发现属于制骨"工房"的半地穴式房址1座和骨料坑多个，出土大量骨料、骨器半成品以及比较齐全的制骨工具，[15]1973年在该遗址附近又进行了一次发掘，发掘面积约100平方米，发现大型骨料坑1个和灰坑5个，出土了大量骨料、半成品、骨器和制骨工具，[16]2003年安阳市文物工作队和中国社科院考古所安阳工作队联合再次对该遗址进行了钻探、发掘，钻探得知在45000平方米的范围内有商代骨料层和骨料坑的堆积遗存。[17]这可能是该作坊遗址的大致范围，发掘了可能是制骨作坊管理者居住的夯土建筑2座和多个骨料坑与窖穴，出土丰富的骨料、半成品与铜锯、铜刀、石钻扶手、磨石等制骨工具。[18]就目前考古所发掘材料来看，该遗址的年代属于殷墟文化晚期。

北辛庄制骨作坊的制骨"工房"与大司空村的一样也属于半地穴式建筑，其口部呈长方形，东西长2.8米，南北宽1.95米，南部有台阶，房内地面平坦，通道口东侧有一堆废骨料，可能为骨器制造后废弃物的原生堆积。属于管理者居住的夯土建筑均为东西向，其中保存较好者东西宽5米左右，南北长12米多，东西两排柱础排列有序，东西进深约4.5米。

可以看出，北辛庄制骨作坊也符合界定制骨作坊的要素，而且规模巨大。其面积虽然不一定像钻探资料所说能达到45000平方米，但估计相差不会太悬殊。作坊采用的骨料多数适宜制作骨笄和笄帽，其主要产品应是骨笄，可能附带制作骨锥、骨刀和雕花骨块。

（3）铁三路或薛家庄制骨作坊

1957年，河南省文物工作队对薛家庄南地进行了发掘，发现了制骨遗迹一处。[19]2002年、2006年，中国社会科学院考古研究所安阳工作队在薛家庄村南的铁三路，配合城市基本建设进行了两次发掘，其中2002年发掘面积约1050平方米，2006年发掘面积约2400平方米，在整个发掘区内均见到有废弃的骨料、半成品与磨石等制骨工具。2008年10月，在芳林花园曾发掘到一处出土大量骨料的骨料坑，这可能是铁三路制骨作坊最西部。结合历年的钻探材料，发掘者何毓灵保守估计该制骨作坊的面积至少有17600平方米。[20] 该遗址发现有房址、骨料坑以及制骨工匠及其管理者的墓葬等丰富遗迹，仅2006年铁三路制骨作坊发掘出土的骨骼就重约32吨，其中绝大部分为骨料、半成品等加工过的动物骨骼，生产的主要成品为骨笄，也生产骨锥、骨匕、骨镞以及牙器、角器等。

该处制骨作坊的确认也没有问题，同样是一处规模巨大的制骨作坊，沿用时间从殷墟文化2期到殷墟文化4期。

（4）花园庄与小屯村附近的制骨遗存

孟宪武、谢世平先生认为，在殷墟中心区花园庄存在一处规模较大的商代制骨场所，并认为是专为宫廷选用占卜用骨（牛肩胛骨）所设立的作坊，由王室直接控制。[21] 但是，如果我们对相关发掘资料进行细致分析，会发现其结论还有待商榷。

1986~1987年，中国社会科学院考古研究所安阳工作队在小屯村南的花园庄西南角（殷墟宫庙区围沟之内）进行了发掘，发现一个大型"废骨坑"H27。该坑面积约550平方米，出土大量破碎的兽骨，总数近30万块。经周本雄先生鉴定，其中98%以上为牛骨，其余是猪骨、狗骨、鹿角及破碎的人骨等。从骨骼部位来看，多数为破碎的牛头骨、下颌骨、牙齿、脊椎骨、肋骨、盆骨等，少数为肱骨、尺骨、桡骨、股骨、胫骨等长骨的两端及掌骨端部。多数兽骨均无加工痕迹，有锯、切痕迹的兽骨仅80余块，不到兽骨总数的千分之一，多为牛股骨与肱骨骨臼上端，少数为牛髋骨，锯痕断面齐直，似青铜锯所为。根据报告介绍真正称得上骨料的（报告可能指只为兽骨骨干坯料或废料）仅5件，鹿角料少量。据我们观察发表的照片，另有一件圆角垫实际是带柄部与角环的鹿角，只是两端被锯掉，这种情况其实一般是从鹿角上去角料时不用的余料，另一件角镰也可能是残破的角料。H27还出土过陶网坠、纺轮、方套头、刻字陶片、铜镞、石斧、匕、刀、玉斗、骨锥（其中一件实际是牛胫骨脊，一般是取料时不用的余料）、骨笄（一端有穿孔的骨笄杆，出土时笄帽已失落），带钻、凿与灼痕卜甲与卜骨残块。该坑第3层年代属于殷墟文化3期，第1、2层则可能属于殷墟文化4期早段。距该坑约五六百米的小屯南地，

1973年曾发现5000多片刻辞甲骨，其中绝大多数是牛骨，还发现一些未经占卜的完整牛肩胛骨。这批甲骨的时代从武丁至帝乙，多数属于康丁、武乙、文丁时期，遗址时代则自殷墟文化1期至4期初，其繁荣阶段属于殷墟文化3期至4期初。[22]报告认为"小屯南地遗址的繁荣阶段与花园庄附近，可能有屠宰牲畜或收取骨料的场所。牲畜被宰杀或食用后，将其骨骼分别处理，如肩胛骨作为占卜的材料，肢骨、肋骨可作为制作骨器的原料，没有用的头骨、下颌骨、牙齿、脊椎骨、盆骨等，作为垃圾成批地扔掉"，这种分析十分精辟，我们完全赞同。报告还认为，"如果这个推测可以成立的话，当时这一带可能有制造骨器的作坊，其位置必定离废骨坑不远，也许就在花园庄现在的居民住宅之下"，这种推测很注意把握分寸，只提出附近有制骨作坊的可能。孟宪武等先生则径直认为该地存在一处大型制骨作坊，两种看法还是存在很大区别的。

我们认为当时花园庄附近可能存在制造骨器的活动，但是这种制骨活动是否构成大型作坊式的制骨活动，还不能肯定。在小屯村北，曾发现一处为王室磨制玉石器的场所，出土了雕花骨饰与笄帽上镶嵌小片绿松片的骨笄、骨镞以及蚌戈、蚌镰，该地点可能除了制作玉石器外，还为王室成员制作精美骨器、蚌器，因此H27中出土的骨料也有可能是制作这类骨器活动有关的遗存。至于大量的牛骨的肢骨、肋骨、角料也可能被取送至铁三路等大型制骨作坊中作为制骨原料，花园庄附近的宫庙区内是否存在大型制骨作坊目前还不得而知，甚至是否有专门的制骨作坊还有待今后的考古发掘材料才能证明，目前谨慎的说法只能说在宫庙区存在制骨活动。至于是否存在制作卜骨原料的场所则另当别论，毕竟这与通常意义的制骨作坊还是有区别的。H27内玉器、铜器等各类遗物都有发现，说明其也可能是宫庙区的王室成员的生活垃圾弃置的场所。其中兽骨的发现及鉴定表明，当时对宫庙区内活动人群食余的兽骨存在明显分选的活动，尤其是与制骨、占卜等活动有关的动物的肩胛骨、肢骨、肋骨等骨骼部位的数量极少，与这两种活动不需要的其他骨骼的大量发现极不成比例，为我们对殷墟制骨作坊的原料来源提供了极其重要的线索。也就是说殷墟制骨作坊的很大一部分原料来自商王、王室成员（可能也包括在宫庙区的服务人员）的肉食消费或祭祀活动遗留下来的骨骼，当时存在专门到宫庙区选取骨骼做原料的活动。因此殷墟制骨作坊与商代王室的关系十分密切，至少可以确认其中部分制骨作坊是直接由王室供应原料的。

（5）殷墟遗址其他地点发现的零星制骨遗存

在殷墟遗址的不同地点曾发现零星分散的骨料，我们在整理殷墟黑河路与孝民屯遗址的动物骨骼时也发现少量骨料，这些骨料可能是当时一些居民制作供自己使用骨器的活动遗留，其性质可能如杨锡璋先生所说的家庭副业活动的遗留。

3. 殷墟制骨作坊的特点与性质

殷墟晚商制骨作坊最引人注目的特点之一是其规模巨大，都属于大型制骨作坊。根据我们对铁三路制骨作坊的抽样分析，在我们抽样区内，平均每平方米区域出土作为骨料的牛骨保守估计约有6~7头牛的骨骼。[23] 三个作坊的面积保守估计可能也在6万平方米左右，则可能有三四十万头牛的骨骼被消耗。不考虑制作的其他骨器，这三个制骨作坊光制作的骨笄最保守的估计也有近千万件之多。如此大量的骨笄，远超过王室与贵族的消费需要。此外有学者对1986年以前的殷墟出土骨器进行过粗略统计，约有24000多件，其中主要是骨镞，约有20400件，大部分出于大墓中，骨笄数量次之，约有1590多件，遗址墓葬都有较多的发现。[24] 但考古资料又显示，殷墟制骨作坊的主要产品是骨笄。遗址出土的骨笄数量与骨镞数量的比例有如此大的差异，一方面可能因为骨笄的使用时间比骨镞使用时间更长，而骨镞属于一次性消耗的器物，或制作骨笄的技术要求更高，残次品的发现比骨镞要多，而制骨作坊区域一般发现的骨器半成品与成品主要是残次品；另一方面则很可能是因为殷墟制骨作坊生产的产品不仅仅面向都城居民，作坊制作的部分骨笄还要销售到都城以外供其他聚落居民使用。因此，殷墟这几处作坊骨器生产的主要目的很可能是为了出卖骨器产品，以商品性生产为主。[25]

从妇好墓等王室与贵族墓葬来看，当时商王室成员及贵族消费的骨笄似乎多数并不是目前所知的三个大型制骨作坊的产品，这些骨笄多数雕镂精美，有的是成组合出现。作坊的骨笄产品也有笄头为鸟形的骨笄与活帽插杆式骨笄，但从现有的资料来看并不是大中型贵族墓中出土骨笄的主要类型，而多与生活遗迹中出土的骨笄类型相近。王室使用的某些精美骨器，如镶嵌绿松石的骨器，各类雕花骨器，某些类型骨笄如小屯村北M18与妇好墓所出笄头为夔形、锯齿冠鸟头形的骨笄以及王陵中所出蝎子形骨笄等[26]，未在各制骨作坊发现接近的半成品或残件，这类骨器可能由一些技艺高超的专门工匠制作，或由类似前文所说小屯村北制玉作坊内的工匠兼制。因此，大型制骨作坊的主要产品如骨笄的消费者不仅不限于王室与贵族，而且很可能主要面向大众。晚商时期无论男女都有束发插笄的习俗，[27]因此骨笄的消费需求量无疑很大。这种以大众为主要销售对象的生产，可能是控制骨器生产的王室或某些贵族获取财富的一个重要手段。

那么这些制骨作坊与商王室是否有直接的关系，还是由其他贵族控制，抑或商王室并不直接控制而由某些贵族代理控制？前文对殷墟宗庙区的大"废骨坑"的讨论表明，殷墟制骨作坊与商代王室的关系密切，至少可以确认其中部分制骨作坊是直接由王室供应原料的。既然王室参与原料的供应，那么，最少可以肯定王室是某些制骨作坊的赞助人。至于其是直接管理制骨生产还是由王室派贵族或官吏代为管理，虽然没有直接证据，但后者的可能性更大。总体来说，殷墟制骨作坊可以称为依附性的制骨作坊。中国古代文献中"食于官"的工匠即是这类依附性作坊的工匠，从卜辞材料来看，这种制度可能可以追溯到晚商。在当时为了便于管理工匠，还可能存在一定的组织，如"右工"与"左工"（或左、中、右工）的编制。[28]而同一作坊的制骨工匠以及某些管理者可能主要以宗族的形式集居、共同生产。

4. 殷墟制骨作坊的分布特点

制骨作坊是殷墟手工业作坊群的有机组成部分。殷墟制骨作坊与铸铜作坊往往成对出现。这可能与制骨作坊所需青铜工具便于从铸铜作坊就地获得有关，但当时不同类别的手工业作坊聚群，也可能是为了更便于管理。制骨作坊设立在殷墟遗址的东北、东南、西部等不同地点，一方面是制骨手工业大规模发展的结果，原有的作坊空间无法容纳更大的发展，另外也便于从不同地点采集原料，如果产品直接面向市场，也有可能方便面向不同方向的消费市场以及节省销售转运的成本等。

5. 殷墟骨器的生产运营链与制骨流程

骨器生产实际上是社会生产、供给交换、消费分配系统中的一个复合体，其生产运营链包括原料采备、骨器生产、废料与废片处理、产品分配或交换与销售等。复原骨器的生产运营链对于重建古代社会的生产消费、手工业经济运转机制等有着重要意义。

原料采备包括对制骨原料的选择、采集、运输、交换、储备。制骨原料来自动物骨骼，其丰富程度、原料特性、可获得性，制约着骨器制造技术、制骨手工业的发展。因为骨器的原料是动物骨骼，一般是人们食用后废弃的动物骨骼，因此原料的丰富程度与人们食用的动物的多寡有关联。一般而言，商王、王室成员与贵族食用的动物较为丰富，普通平民与奴隶食用的动物较少，相比起来，从前者获得制骨所用的原料自然更丰富。因此，原料的丰富程度制约了制骨工业的规模，与社会复杂化、等级化有一定关联。社会等级化程度越高，社会上层对美食的追求以及祭祀礼仪的日趋频繁可能刺激家畜饲养业的发展，如晚商养牛业的发展，而牛骨是殷墟制骨的最主要原料。

根据我们对铁三路制骨作坊出土的动物骨骼分析，骨料来源为黄牛、水牛、猪、羊、鹿等动物的骨骼，其中以黄牛的骨骼占绝对多数。骨料既有动物的肢骨也有动物的下颌骨、牙齿，还有角，其中以肢骨占多数，其次为动物的下颌骨和鹿角。动物的肢骨骨料以家养动物的肢骨为主，少见野生动物肢骨，具体到种属来说以普通黄牛的肢骨为主，另有少量的圣水牛、绵羊、猪、鹿的肢骨，偶见马的肢骨。黄牛的肢骨骨料来源包括除指/趾骨外的所有长骨，而以掌跖骨为多。用来制作骨器的骨骼基本上是完整骨骼，因为发现的制骨的余料基本都是骨骼的关节部位和带锯口骨干残片，未见有普通消费肉食时截断骨骼的断口方式。但骨骼上也常见割痕等屠宰痕迹，说明当时选取的为剔取肉后的完整骨骼。[29]据北辛庄制骨作坊遗址出土骨料报告称，可以辨识的有牛、马、猪、羊、狗等骨骼，而以牛、猪居多（据我们对铁三路制骨作坊的骨料分析，及其他制骨作坊遗址已发表图片的动物骨骼来看，猪骨极少，因此北辛庄的骨料中是否有较多的猪还是一个疑问），还有少量的鹿角和鹿骨。[30]大司空制骨作坊能辨认出的有牛、猪、狗、羊、鹿等动物的骨骼，也是以牛居多，角料则多采用鹿角，主要是动物肢骨，少量的利用肋骨和盆骨。[31]制骨作坊出土骨料的动物种属构成和骨骼种类、部位组成都与以往经过动物考古学分析的殷墟白家坟东地、孝民屯、机场南路（郭家湾新村）等地点日常消费的动物骨骼组合存在较大的差异，其骨料来源应该不仅限于制骨工匠日常消费的动物，可能还从来自王室、贵族或其他群体日常消费、宴享中食用的动物的骨骼中挑选获得，并且在此之前割取肉块时有意保存骨骼的完整。商王、贵族的宴会（包括与祭祀礼仪有关的宴会）能一次就遗留下较多的牛骨，宴会的频繁程度也会影响制骨原料的丰富程度。前文提到的花园庄的大型废骨坑，就与这种制骨原料的采选有关，而且不能排除与王室的某些宴会有关系的可能。

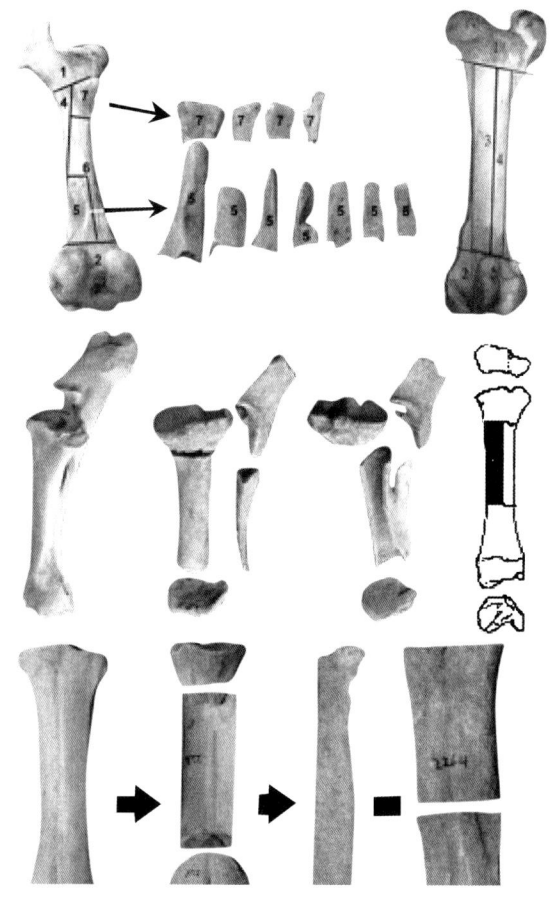

图 1　殷墟制骨作坊股骨、桡尺骨与掌骨取料模式图解[32]

骨器生产包括坯料预制、粗坯成形、成品完工或半成品细部加工等骨器制造活动以及生产的管理组织。

坯料预制，即一般所说的取材、取料，包括分割骨骼、截取坯料（或称毛坯）等。一般首先将动物骨骼的两端关节部分截掉取骨干部分，因为动物骨骼的关节形状不规则而且主要是松质骨，不适宜制作骨器；其次根据要制作的骨器的特点，针对不同骨骼部分的形态特点采取不同的方法截取坯料。截取粗坯的过程可以概括为"因形取料、省工原则"。截取骨料时为了效率起见，一般在将骨骼锯至一定深度后，在相对的另一侧重新锯切，锯开大部分后，骨骼用工具或手折断；根据不同骨骼的具体形状和其他骨骼特征一般有相对固定的锯切方向，如掌骨因为后侧的骨壁呈长方形的规整骨片，前侧骨壁呈半圆形，故多从后侧下锯使后侧骨壁保存更好，能获得制作骨笄的理想坯料。锯取骨干后再根据不同的骨骼的形状、尺寸、骨质密度在不同部位下锯，截掉骨骼的不规则部位，获得制作预制骨器所需要的理想坯料。与取材活动有关联的骨骼遗物包括坯料（多为出现意外破损、开裂的坯料）、边角料、余料，从保留和"遗失"的骨干残片所在部位我们可以复原各种骨骼的取料方式和预想获取的制骨坯料是什么。从观察分析的结果来看，殷墟不同时期不同骨骼的取料方式总体上较为固定，每种骨骼都有相对一致的几种模式化的取料方法，但也有所变化（图1）。制骨作坊的产品还包括牙器和角器。从铁三路制骨作坊来看，牙器的原料来自公猪的下颌犬齿。在遗址曾发现有锯痕和加工痕迹的猪下颌骨，犬齿都被抽取。为了抽取公猪犬齿，一般将猪下颌联合部锯开，并将犬齿后延尽头之后的部位砍断。我们还发现有加工过的犬齿残片，结合以往殷墟遗址发现的公猪犬齿加工成的牙器，可以进一步证明这类特征的猪下颌骨骨料就是为了获取公猪犬齿来制作牙器。取下公猪犬齿后根据所要制作的牙质制品的形状截取合适大小的坯料。角料主要为麋鹿、梅花鹿等大中型鹿的角，一般为锯取坯料后的余料，以及少量作为坯料的角片。截取角料时一般截取主枝和分支的角干部分，分叉部分和角环一般废弃不用。[33]晚商时期截取坯料的工具已经主要采用青铜锯，少量用石刀锯切。前辈学者曾用北辛庄制骨作坊出土的青铜锯和石刀锯出土的骨料，结果证明多数锯痕是铜锯的遗痕，仅少数锯痕为石刀的遗痕。[34]根据我们对铁三路遗址出土的骨料锯切痕迹的观察，也基本为铜锯的遗痕。殷墟时期制骨工业的发展，与青铜工具的普遍采用有很大关系。

坯料成形：骨器坯料截取后，根据所需制作的骨器特点对坯料进行加工，一般需要经过锯切、刮削、刻凿、掏挖、锉磨等方法，需要钻孔的则进行钻孔，使毛坯经过减序加工（Reduction）的方法成为器物的雏形。这个阶段的最终产品保存下来的遗物即为通常所说的半成品。不同器物的具体成形方法是不同的。从骨笄的加工方法来看，殷墟制骨作坊中有的器物的生产已经呈现出标准化生产的特点。

成品完工（或半成品细部加工）：一般指坯料被加工为器物雏形后，对器物进行打磨抛光等细部加工，如果是组合型骨器，如活帽插杆式骨笄，还需要将各个元件黏合或粘嵌在一起。这个阶段最终产品就是成品，还处在该阶段中的骨器即半成品。

废料与废片处理：一般指对骨器制造过程中的制骨废料、余料、边角碎料、残破坯料、残次半成品与成品等工业垃圾找地方进行堆埋、焚烧等处理。一般俗称的骨料坑就是制骨废料与废片的弃置场所。另外，在有的作坊出土的骨料中还发现了大量被焚烧的炭化或半炭化制骨废料，殷墟铁三路制骨作坊中这种被焚烧过的骨料即占了一定数量，这也是当时制骨工业规模的一个体现，因为制骨的垃圾量太大，以至于需要焚烧处理。

至于制骨生产的组织管理包括对制骨活动的组织、各种工序阶段产品的督检、工人的协调管理等。广义地讲，制骨生产的组织管理应该贯穿在整个手工业生产运营链的全过程。

产品的分配或交换以及销售都是同一类型活动的不同实现方式。骨器产品制造出来的目的是为了消费，不管是为了供自己消费还是为了交换。而殷墟大型制骨作坊的主要产品很可能是通过市场销售出去，而晚商时期铸铜手工业的产品则可能主要以一种王室控制的分配方式流通，这实际显示了晚商时期手工业经济的复杂性与多样性。

6.殷墟制骨工业发展的条件动力

（1）青铜工具的利用。青铜锯、钻等金属工具在殷墟制骨工业中的广泛应用给骨器生产的规模化和专业化带来了技术性变革，不但极大地提高了骨器制作的生产效率，而且为骨器形制的规范化、精细化提供了技术条件。[35]铸铜工业的发展则是青铜工具广泛应用的基础。

（2）畜牧业的发展。晚商时期畜牧业较之以前时代的一个明显变化是养牛业的发展，牛骨在殷墟出土的动物骨骼组合中所占比例已经超过猪骨。晚商都城无论是王室贵族的祭祀、宴享与日常消费还是普通平民的日常肉食消费都消耗了大量的牛，而牛骨的尺寸大、硬度高，是制骨的理想材料，因此成为殷墟制骨作坊的主要原料。晚商养牛业的发展以及都城居民大量消费牛而留下了大量的牛骨，为制骨工业的发展提供了充足的原料来源。

（3）晚商时期开始注重发展面向普通市场的商业生产以获得王室或贵族所需的财富，可能是制骨手工业发展最根本的内在动力。

原文发表于中国社会科学院考古研究所夏商周研究室编辑的
《三代考古（四）》，科学出版社，2011。

**注释：**

[1] 李济著、李光谟译《安阳》，河北教育出版社，2000（华盛顿大学出版社，1977年英文原版）。

[2] 中国社会科学院考古研究所：《殷墟发掘报告（1958~1961）》，文物出版社，1987；中国社会科学院考古研究所编《殷墟的发现与研究》，科学出版社，1994。

[3] 中国社会科学院考古研究所编《殷墟的发现与研究》，科学出版社，1994。

[4] 孟宪武、谢世平：《殷商制骨》，《殷都学刊》2006年第3期。

[5] 高去寻遗稿，杜正胜、李永迪整理《大司空村（河南安阳殷代、东周墓地及遗址）》，台北：历史语言研究所，2008。

[6] 李志鹏、江雨德、何毓灵、袁靖：《殷墟铁三路制骨作坊遗址出土制骨遗存的分析与初步认识》，《中国文物报》2010年9月17日第7版。

[7] Rowan K. Flad & Zachary X. Hruby, "Specialized" Production in Archaeological Contexts: Rethinking Specialization, the Social Value of Products, and the Practice of Production, In Rethinking "Specialized" Production: Archaeological Analyses of the Social Meaning of Manufacture, Archaeological Papers of the American Anthropological Association, No. 17, ed. Zachary X. Hruby and Rowan K. Flad, pp. 1~19. Berkeley: University of California Press，2001.

[8] 孟宪武、谢世平：《殷商制骨》，《殷都学刊》2006年第3期。

[9] 马萧林：《关于中国骨器研究的几个问题》，《华夏考古》2010年第2期。

[10] 高去寻遗稿，杜正胜、李永迪整理《大司空村（河南安阳殷代、东周墓地及遗址）》，台北：历史语言研究所，2008。

[11] 河南省文化局文物工作队第一队：《一九五五年秋安阳小屯殷墟的发掘》，《考古学报》1958年第3期。

[12] 在《殷墟发掘报告（1958~1961）》中将殷墟遗址分为三期，其中第3期相当于大司空村3、4期（见注[2]），李永迪将大司空村报告中最初定为遗址第3期遗迹的年代都定为殷墟文化3期（见注[5]），陈志达先生则定为殷墟文化第3或4期，应以后者为是。对殷墟文化分期的看法的变化与各家不同，参见郑振香先生《殷墟文化的分期与年代》一文（见注[2]《殷墟的发现与研究》）。

[13] 高去寻遗稿，杜正胜、李永迪整理《大司空村（河南安阳殷代、东周墓地及遗址）》，台北：历史语言研究所，2008。

[14] 中国社会科学院考古研究所编《殷墟的发现与研究》，科学出版社，1994。

[15] 中国社会科学院考古研究所：《殷墟发掘报告（1958~1961）》，文物出版社，1987；中国社会科学院考古研究所编《殷墟的发现与研究》，科学出版社，1994。

[16] 中国社会科学院考古研究所编《殷墟的发现与研究》，科学出版社，1994。

[17] 李阳：《殷墟北辛庄商代遗存》，《安阳历史文物考古论集》，大象出版社，2005。

[18] 孟宪武、谢世平：《殷商制骨》，《殷都学刊》2006年第3期。

[19] 河南省文化局文物工作队：《河南安阳薛家庄殷代遗址、墓葬和唐墓发掘简报》，《考古通讯》1958年8期。

[20] 李志鹏、江雨德、何毓灵、袁靖：《殷墟铁三路制骨作坊遗址出土制骨遗存的分析与初步认识》，《中国文物报》2010年9月17日第7版；Roderick B. Campbell, Zhipeng Li, Yuling He and Jing Yuan, Consumption, Exchange and Production at the Great

Settlement Shang: Bone-working at Tiesanlu, Anyang Antiquity, Volume85(330), 2011, 1279-1297.

[21] 孟宪武、谢世平：《殷商制骨》，《殷都学刊》2006年第3期。
[22] 中国社会科学院考古研究所安阳工作队：《1973年安阳小屯南地发掘简报》，《考古》1975年第1期。
[23] 李志鹏、江雨德、何毓灵、袁靖：《殷墟铁三路制骨作坊遗址出土制骨遗存的分析与初步认识》，《中国文物报》2010年9月17日第7版。
[24] 中国社会科学院考古研究所编《殷墟的发现与研究》，科学出版社，1994。
[25] 中国社会科学院考古研究所编《殷墟的发现与研究》，科学出版社，1994。
[26] 中国社会科学院考古研究所安阳工作队：《安阳小屯村北的两座殷代墓》，《考古学报》1981年第4期；中国社会科学院考古研究所：《殷墟妇好墓》，文物出版社，1980；梁思永、高去寻：《侯家庄第二本·1001号大墓》，"中央研究院"历史研究语言所，2008。
[27] 中国社会科学院考古研究所编《殷墟的发现与研究》，科学出版社，1994。
[28] 肖楠：《试论卜辞中的"工"与"百工"》，《考古》1981年第3期。
[29] 李志鹏、江雨德、何毓灵、袁靖：《殷墟铁三路制骨作坊遗址出土制骨遗存的分析与初步认识》，《中国文物报》2010年9月17日第7版。
[30] 中国社会科学院考古研究所：《殷墟发掘报告（1958~1961）》，文物出版社，1987。
[31] 中国社会科学院考古研究所编《殷墟的发现与研究》，科学出版社，1994。
[32] 图中完整骨骼系中国社会科学院考古研究所科技考古中心动物考古实验室现存牛骨标本，骨料则系铁三路制骨作坊出土。
[33] 李志鹏、江雨德、何毓灵、袁靖：《殷墟铁三路制骨作坊遗址出土制骨遗存的分析与初步认识》，《中国文物报》2010年9月17日第7版。
[34] 中国社会科学院考古研究所：《殷墟发掘报告（1958~1961）》，文物出版社，1987。
[35] 马萧林：《关于中国骨器研究的几个问题》，《华夏考古》2010年第2期。

# 殷墟出土之钻陀及相关问题

何毓灵 李志鹏[*]

肇始于旧石器时代，发轫于新石器时代早期，人类生产、生活中深得钻孔技术之便。最具说服力者当属钻木取火之术，《韩非子·五蠹》："有圣人作，钻燧取火，以化腥臊，而民悦之，使王天下，号之曰燧人氏。"直至汉唐时期，此法仍很流行。[1]

考古资料显示，新石器时代以来，诸如玉、石、木、骨、角、牙、蚌等各类材质的器物上多有钻孔，其功用无外乎悬挂、装饰、安柄、镂空等。令人遗憾的是，钻孔虽无处不在，可钻孔技术尚不明确，甚至有臆测之嫌[2]，个中原因则是钻孔工具发现太少。近年来，殷墟陆续出土了十余件钻孔工具配件，对于研究先秦时期钻孔技术具有关键性作用。

## 一 钻具

在玉、石、木、骨、角、牙、蚌等器物上钻孔，按孔的形成方法来区分钻头形制的话，有"实心钻"和"空心钻"（也称管钻）两种。如何驱动钻头旋转，实心钻可以直接手持、施压，在被钻器物上往复转动，以摩擦力逐渐磨成。在西周时期的周原齐家制玦作坊内就发现"简单的、易于制造且便于操作的非机械手持钻头是石玦制孔过程中使用更为普通的钻孔工具"。[3]当然实心钻头也可以安装钻杆，组成复合式机械钻。一般来说，这种实心钻主要为石质。

空心钻或曰管钻也可直接手持钻孔，同样可以装杆，形成机械钻。空心钻的材质肯定不会是石质的，有竹管说、芦苇说、金属（青铜）说、骨管说等。从器物钻孔分析，管钻技术在新石器时代已十分流行，但考古发掘基本不见钻具，这应与管钻多为有机质，埋藏地下，易于腐蚀有关。

---

[*] 何毓灵，中国社会科学院考古研究所，研究员。
李志鹏，中国社会科学院考古研究所，副研究员。

剔除直接手持钻具进行钻孔不论，安装了钻杆的复合式机械钻如何驱动钻头旋转呢？

孙周勇结合周原地区传统木工钻孔情况认为，在齐家制玦作坊中，还有"弓钻"和"泵钻"这两种复合式机械钻，但从遗物数量分析，此二类钻较少。陈振中在讨论先秦时的铜锥与铜钻时称，铜钻作为穿孔工具，使用时安上钻杆，双手搓捻，这是最简单的"搓钻"。进一步可能在钻杆上端加套筒，杆身缠绕皮索，按住套筒，用拉杆牵拉皮索，使钻头反复旋转，这是"牵钻"。比牵钻再进一步的"陀螺钻"，先秦时是否已经发明，还不便推测。[4] 孙周勇所言之弓钻与泵钻，与陈振中所称之牵钻和陀螺钻应是同一器物的不同叫法，本文采用陈振中之称谓。

牵钻与陀螺钻仍是近现代木作工具。近现代的牵钻由钻杆、钻把（钻帽）、钻绳、拉杆、卡头、钻头等构成（图1-1）。[5] 使用时，一手紧握钻帽且用力下压，一手前后往复拉动拉杆，即可钻孔（图1-2）。

陀螺钻由钻陀、钻杆、钻扁担、钻绳、卡头、钻头等组成（图2-1）。[6] "钻陀是选用40~50毫米厚，160~180毫米见方的硬木制成八角形或圆形，钻杆用750毫米长和35毫米直径的硬质耐磨木材制成，顶端则用榫头和钻陀连接，钻扁担由一根20毫米厚、70毫米宽、620毫米长的硬质木材制成，中间凿一圆孔，套入钻杆。圆孔直径要大于钻杆，绳索由钻扁担的一端固定后，穿过钻杆顶端的圆孔，与另一端定固"。使用时，"要将钻杆先转动几下，使绳索绕在钻杆上，然后将钻扁担

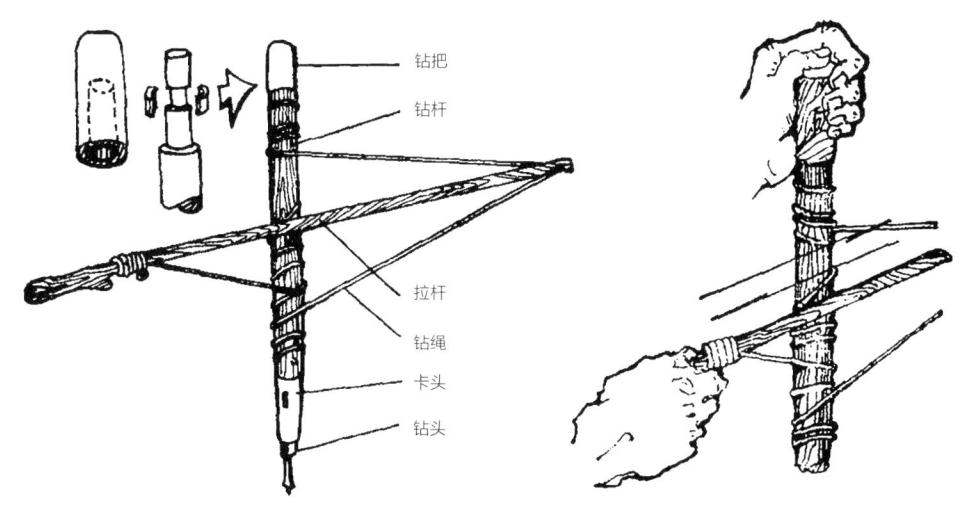

图1-1 牵钻结构　　　　　图1-2 牵钻的使用

图 2-1　陀螺钻结构　　　　图 2-2　陀螺钻使用

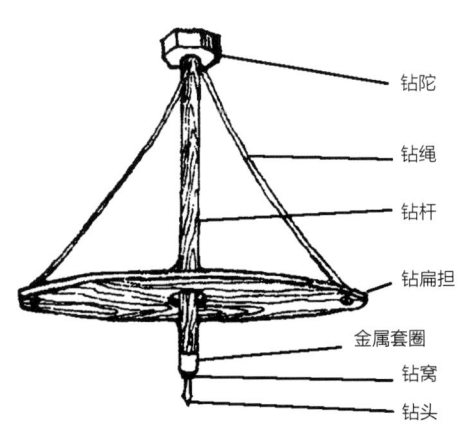

一上一下地压动，使缠绕在钻杆上的绳索拉动钻杆旋转，随着钻扁担一上一下钻杆就往复旋转，带动钻头钻眼"（图 2-2）。[7]

## 二　钻陀出土背景

近些年来，在殷墟陆续出土了 15 件石器，被发掘者称为"钻帽"或"石钻扶手"。这些器物形制基本一致，略呈半圆球形，顶部较平，底部正中有一大孔，孔深至该器约一半。大孔左、右两侧近边缘处各有一斜向穿孔，与器物侧面的两个斜向穿孔形成对穿，很明显这种对穿斜向穿孔是用于系绳索之物。发掘者均辨识出此物是钻具配件，但从上述之牵钻与陀螺钻结构来看，显然此器物应是陀螺钻钻杆顶端之钻陀，称其为"石钻扶手"是不正确的。本文称其为"钻陀"。

15 件钻陀主要集中出土于三个区域（见文后登记表）。

其一，殷墟西区墓地：共 5 件。

4 件[8]分别出土于一区的 M532，三区的 M754、M846、M847。一区与三区都位于殷墟西区墓地的东部。三区北部为殷墟孝民屯东南地铸铜作坊遗址。[9]

另 1 件[10]出土于北辛庄 M8。北辛庄遗址是殷墟时期重要的制骨作坊遗址，出土大量的制骨遗存。[11]

其二，戚家庄东墓地[12]：共 9 件，是石钻陀出土最为集中的区域。

分别在 M8、M12、M97、M122、M123、M234、M235、M258、M259 中各随葬 1 件。戚家庄东墓地位于殷墟西南部边缘区域。20 世纪 80 年代，在该区域内发掘192座墓葬，相对集中分布，70%以上保存完好。与其他区域墓葬方向多朝北略有不同，该墓地的墓葬方向朝南者明显偏多。9座墓葬中，有7座墓葬朝南。且有6座墓主为俯身直肢葬，这与殷墟墓葬多仰身直肢也有差异。这是指整个墓地而言，不在上述9座墓葬中。随葬青铜礼乐器18件，从铭文可知，墓主应为"爰"。

其三，铁三路制骨作坊[13]：1件。

出土于灰坑H5中。铁三路制骨作坊位于殷墟南部，西临苗圃北地铸铜作坊，应是目前所知殷墟最大的制骨作坊。

15件钻陀，其中有14件出土于14座墓葬之中。这些墓葬虽分属两个大的墓地，但墓葬之间尚有共同之处。

首先，这些墓葬等级都较低，除戚家庄东M235随葬有8件青铜礼器（两套青铜觚爵），其他墓葬基本只随葬陶器、石器、小件玉器、骨器、蚌器等。墓葬的规模也都较小，葬具以一棺为主，基本不见殉人。

其次，在随葬品组合中，与钻陀伴出的还有磨石、砂石条（应是石锉）、石凿、石刨等，其中以磨石最多。在先秦时期手工业区内，磨（砺）石与砂石条（石锉）是最为常见、使用最为广泛的工具，特别是铸铜、制骨、制石作坊内。这些墓葬中发现的钻陀，只是陀螺钻的配件，由于陀螺钻其他部件易于腐蚀，因而未见。也有可能随葬时仅放置钻陀以代表陀螺钻。无论如何，把这些用于钻孔、打磨的工具放置在一起，应不是随意而为之。

最后，殷墟西区墓地北部是殷墟时期最大的铸铜作坊——孝民屯铸铜作坊，西部是北辛庄制骨作坊；2006铁三路H5是殷墟二期巨大的制骨废料堆放坑。就此5件钻陀出土区域来看，应与手工业生产有着直接的联系。戚家庄东墓地周边目前尚未发现大规模的手工业作坊区，但戚家庄东M8提供了间接的证据。

戚家庄东M8为殷墟四期晚段墓葬，随葬品中，除了陶觚、陶爵、陶盘外，尚有石钻陀、石刨、石棒、磨石、石锉等。在墓葬南二层台上，堆放有蚌环、贝、长条蚌、文蛤等（图3）。其中，蚌环共133个，形制、大小基本相同，极小。直径一般0.4~0.66厘米，孔径0.15~0.3厘米，厚0.1~0.2厘米。贝共114个，背部均磨孔。文蛤共110对，每扇都有两个钻孔，一孔在蛤顶部，磨平后再施钻，另一孔在扇尾中间，两孔上下对照，孔径都在0.2厘米左右。在一个墓葬中出土如此多的蚌环、贝及文蛤，在殷墟墓葬中尚不多见。从出土位置来看，这些器物应

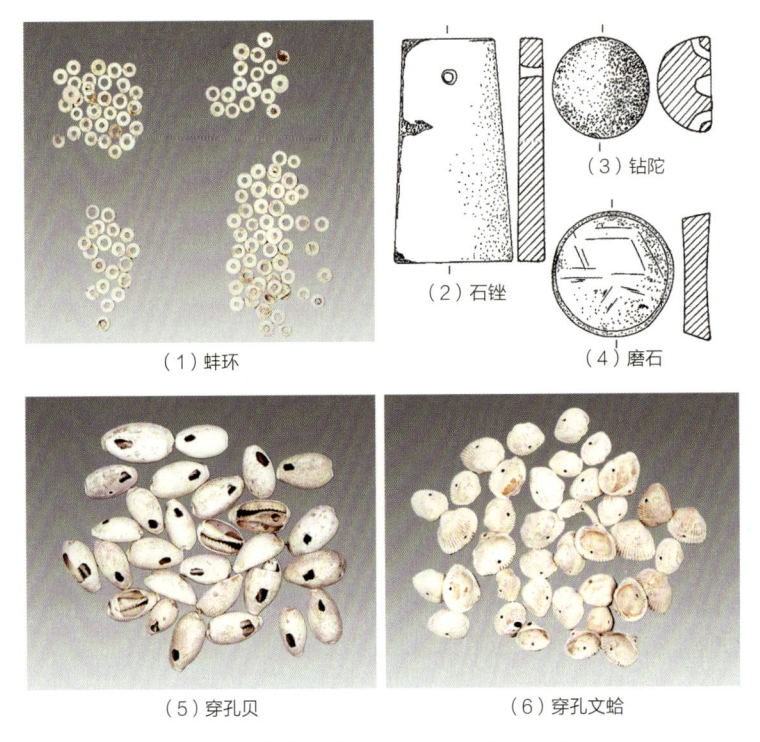

(1) 蚌环
(2) 石锉
(3) 钻陀
(4) 磨石
(5) 穿孔贝
(6) 穿孔文蛤

图 3　戚家庄东 M8 出土工具及制品

不是某些器物之上的装饰用品，而应是墓主生前加工的手工制品。蚌环及文蛤都有很小的钻孔，墓中的钻陀应是其钻孔工具。贝的孔应是用石锉及磨石锉磨而成。我们认为，M8 墓主生前应是生产、加工蚌贝制品的工匠。

此外，在戚家庄东 M130 中，出土有 358 块绿松石片。

在殷墟的手工业作坊内，常见有随葬手工业工具的墓葬，如铸铜工匠所使用的鼓风嘴、铜锥（针）、磨石，甚至是陶范等；制骨工匠使用的磨石、铜刀、铜锯等；制陶工匠使用的陶拍、陶垫等。许多学者认为这些生产工具应是墓主生前职业的象征。由于殷墟时期家族形态仍以氏族为主要单位，手工业生产也以家族模式为主。[14] 从事手工业生产的家族生前在相对固定的区域即手工业作坊内从事手工业生产，死后也主要葬在手工业作坊区附近，即所谓的"聚族而居，聚族而葬"的形式。这些随葬钻陀的墓主，其生前一定是从事相关手工业生产。

## 三　殷墟陀螺钻的复原

前文已大体介绍了此类钻陀之形制。此处以铁三路 H5∶3 石钻陀为例，详加说明。

H5∶3 为灰白色石灰岩。表面有凸凹不平的斑痕，素面。重 335 克，最大径 6.7 厘米，通高 4.7 厘米，大孔径 1.5 厘米，孔深 2.2 厘米，两侧小孔径约 0.9 厘米。从报道数据分析，其他钻陀与 H5∶3 尺寸、重量基本相当（图 4-1，4-2）。

钻陀底部的大孔与两侧的斜孔呈直线分布，斜孔不会偏于钻陀一侧，这应是为了在使用时能够保持其平衡性。

为了充分了解此种钻陀的功效，我们利用铁三路 H5∶3 钻陀进行了简单的复原试验（图 4-3）。

准备的材料有：

两段线绳，各长 28 厘米；

一根木质钻杆，长 38 厘米；

一根钻扁担，长 26.2 厘米，离两端各 1 厘米处有穿绳钻孔，正中有穿钻杆的穿孔；

一根钻头，长 5.5 厘米，直接钉在钻杆前端。

由于是在制骨作坊内发现该器，因而复原试验也主要是在骨质器物上进行钻

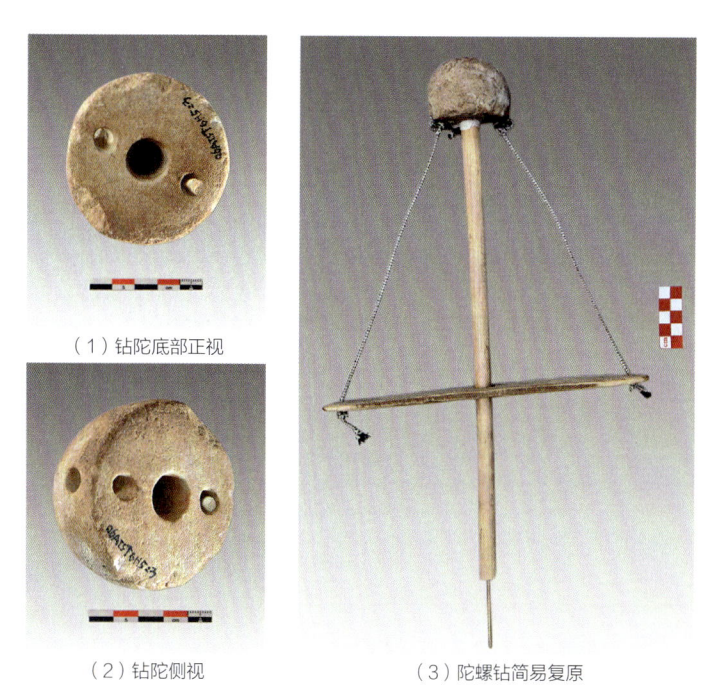

（1）钻陀底部正视

（2）钻陀侧视　　（3）陀螺钻简易复原

图 4　殷墟铁三路制骨作坊出土钻陀及陀螺复原

孔。骨器中，最常见的钻孔应是骨笄顶端用于扣合、固定笄帽的钻孔了。因而选取一段骨笄坯料，固定在木板之上，以防钻孔时滑动。经过一段时间的练习后，确实可以顺利钻孔，且钻孔形制与发现的骨笄顶端钻孔并无太大差别。

陀螺钻在钻孔时，钻头对孔的压力和摩擦力主要来自于钻陀与钻杆。因而钻陀的重量与钻孔的效率和孔的大小有相当大的关系。一般来说，钻陀重量较轻，钻孔过程中对钻头的压力较小，所钻的孔也应较小。目前殷墟所发现的15件钻陀重量都不大，因而，这应是小型陀螺钻的配件，主要用于在骨、蚌、贝之上钻孔径不足0.5厘米的小孔。殷墟所见的石器、玉器之上的大孔，可能会使用更大的陀螺钻，或者使用牵钻钻成。这些大钻情况，目前尚不明确。

## 四 相关问题

目前15件石质钻陀，除戚家庄东M258∶2为半成品，底部没有钻孔外，其余在安装钻杆的大孔两侧都有安装钻绳的小孔。如此，钻孔时钻绳靠惯性往复缠绕、松开钻杆。钻绳牵扯着钻陀外侧，在回转缠绕钻杆时会减弱惯性力，钻陀的直径越大，其减去的惯性力也应越大。加之钻陀在钻杆顶部，重心位于最高处，无疑对操作的稳定性有一定的影响。因而，近现代木工陀螺钻均作了改进。其一，在钻杆顶部钻孔，让钻绳直接从中穿过，钻陀两侧不再有用于系钻绳的小孔；其二，钻陀不再安装于钻杆顶部，而安于钻扁担之下、卡头之上，这样大大降低重心，增强操作的稳定性。这样的钻陀，其中部的钻孔就必须是穿透的，而不能是安装于钻杆顶端那样，中部大孔是半透的。

那么这种安装于陀螺钻钻扁担之下的钻陀，是否有所发现呢？我们认为，考古发掘中经常被认定为用于纺织的纺轮，同样可以作为钻陀。

王迪就撰文指出，形如纺轮的器物除了可以用于纺织外，还有诸如猎物系挂扣、器盖、刮削器、塞子、棋子、弓钻垫片、玩具、纽扣等功能。[15]他认为那种"穿孔未透的圆陶片常被考古学家看作纺轮的半成品，但却可能是弓钻垫片"，"使用时，操作者手持垫片按压钻杆末端以提供向下的压力。垫片起到保护手心和协助保持钻杆平衡的作用。北美的原住民长期使用弓钻取火和钻孔，木片、骨片、圆陶片等常被用作垫片"。这样的认识应是正确的。

不仅如此，钻孔穿透的圆饼形器同样可以作为陀螺钻的钻陀，其材质也不仅限于陶质，还有石、玉、木、蚌等。近代的木作工具之陀螺钻就如此，其钻陀多为木质，有圆形、多边形、长条形等。

在洹北商城制骨作坊内就出土大量的"纺轮形器"，有陶、石两种。在周原齐家制玦作坊中，也有大量被认为是纺轮的器物。我们认为，其中有些"纺轮形器"极有可能是陀螺钻的钻陀，特别是在手工业区内大量发现的此类器物，其功能更需要注意。

原文发表于《南方文物》2017年第4期。

## 殷墟出土钻陀登记表

| 遗迹号 | 分期 | 墓葬方向与墓主葬式 | 墓葬规模（米） | 随葬品 | 钻帽尺寸 | 备注 | 资料出处 |
|---|---|---|---|---|---|---|---|
| 戚家庄东M8 | 四期晚 | 198度，？ | 2.68×1.31-4.3 | 陶觚1、爵1、盘1、石钻陀1、刨1、棒1、磨石2、兽骨、骨器2、贝114、蚌环133、长条蚌4、文蛤110对 | 直径4.8cm | 南二层台上堆放蚌、贝 | 《安阳殷墟戚家庄东商代墓地发掘报告》，中州古籍出版社，2015。 |
| 戚家庄东M12 | 二期 | 12度，仰身直肢 | 2.5×1.12-3.8 | 陶觚1、爵1、簋1、铜觚1、爵1、戈2、铃1、玉锛1、管1、璋1、翡翠珠1、璜1、戈1、铲1、穿孔玉饰1、羊腿骨、石钻陀1 | 直径5.4cm 大孔径1.5cm | 原报告墓葬登记表中石钻陀漏登记。两侧小孔，其一残损，一孔未穿透 | 同上 |
| 戚家庄东M97 | 四期早 | 185度，俯身，男 | 2×0.75-3.3 | 陶罐1、盘1、玉鱼1、玉饰2、穿孔玉饰1、钻陀1、磨石3、石器2 | 直径4.8cm 大孔径1.1cm | | 同上 |
| 戚家庄东M122 | 四期早 | 175度，？ | 墓口：3.2×1.4 墓底：3.5×1.69-4.6 | 陶觚1、爵1、盘1、铜铃4、镞2、矛头1、玉戈1、石钻陀1、龟甲1 | 直径4.9cm 大孔径0.8cm | | 同上 |

续表

| 遗迹号 | 分期 | 墓葬方向与墓主葬式 | 墓葬规模（米） | 随葬品 | 钻帽尺寸 | 备注 | 资料出处 |
|---|---|---|---|---|---|---|---|
| 戚家庄东 M123 | 四期早 | 177度， | 2.5×1.2-3.3 | 陶觚1、爵1、簋1、盘1、弹丸1、铜戈2、铃1、镞3、石钻陀1 | 直径5.6cm 大孔径1.3cm | 其一小孔未穿透 | 同上 |
| 戚家庄东 M234 | 四期早 | 190度，侧身屈肢 | 2.25×0.7-2.12 | 陶觚1、爵1、盘1、贝8、石钻陀1 | 直径4.5cm 大孔径1.2cm | 原报告墓葬登记表中未登记有石钻陀，文章中有介绍。其一小孔残破 | 同上 |
| 戚家庄东 M235 | 四期早 | 192度，仰身直肢 | 墓口：3.1×1.45-4.6 墓底：3.35×1.5 | 陶觚1、爵1、盘1、小罐1、铜觚1、爵2、鼎1、簋1、尊1、卣1、刀1、铃1、玉凿1、石钻陀1 | 直径5.1cm | 钻陀位于墓主头下 | 同上 |
| 戚家庄东 M258 | 四期早 | 10度，？ | 2.4×1.3-3.1 | 陶觚1、石钻陀1、磨石1、蚌泡1 | 直径6.6cm | 钻陀半成品，底没有钻孔 | 同上 |
| 戚家庄东 M259 | 四期晚 | 190度，俯身直肢 | 2.2×0.95-2.15 | 陶觚1、爵1、盘1、石钻陀1、磨石1、玉饰1、贝1 | 直径4.9cm 大孔径1.1cm | | 同上 |
| 西区墓地 M532 | 四期 | 14度，俯身 | 2.5×1-2.7 | 陶爵1、石片3、钻陀1、贝1 | 直径5cm | | 《1969~1977年殷墟西区墓葬发掘报告》，《考古学报》1979年第1期。 |
| 西区墓地 M754 | ？ | 95度，？ | 2.26×0.9-3.15 | 石钻陀、磨石1 | ？ | | 同上 |

续表

| 遗迹号 | 分期 | 墓葬方向与墓主葬式 | 墓葬规模（米） | 随葬品 | 钻帽尺寸 | 备注 | 资料出处 |
|---|---|---|---|---|---|---|---|
| 西区墓地M846 | 三期 | 187度，俯身直肢 | 2.2×0.8-2.8 | 陶觚1、爵1、石钻陀1、磨石3、贝1 | ? | | 同上 |
| 西区墓地M847 | 四期 | 10度，俯身直肢 | 2.4×1.08-3.45 | 陶觚1、爵1、石钻陀1、石片4、石刮器1、磨石9、贝1 | ? | | 同上 |
| 北辛庄M8 | ? | 墓主头向东，俯身直肢，男 | 竖穴小墓 | 陶觚、爵、豆、铅器、石钻陀1、磨石1 | ? | 钻陀与磨石出于填土内 | 李阳：《殷墟北辛庄村商代遗存考察》，《安阳历史文物考古论集》，大象出版社，2005。 |
| 2006铁三路H5 | 二期 | | | | 重335克，最大径6.7cm，通高4.7cm，大孔径1.5、孔深2.2cm，两侧小孔径约0.9cm | | 中国社会科学院考古研究所安阳队资料 |

注释：

[1] 于志勇：《新疆考古发现的钻木取火器初步研究》，《西部考古》第三辑，三秦出版社，2008年。
[2] 孙周勇：《早期钻孔技术跨文化比较之一：美索不达米亚地区的钻孔技术》，《中国文物报》2007年9月28日。
[3] 孙周勇：《西周石玦的生产形态：关于原料、技术与生产组织的探讨——周原遗址齐家制玦作坊个案研究之二》，《考古与文物》2009年第3期。
[4] 陈振中：《先秦的铜锥与铜钻》，《文物》1989年第2期。
[5] 图1-1、图1-2分别采自阮长江编《家具木工技术》图3-51、图3-52，江苏科学技术出版社，1986。
[6] 阮长江编《家具木工技术》图3-53，江苏科学技术出版社，1986。
[7] 李浈：《中国传统建筑木作工具》图5-6，同济大学出版社，2004。
[8] 中国社会科学院考古研究所安阳工作队：《1969~1977年殷墟西区墓葬发掘报告》，《考古学报》1979年1期。
[9] 中国社会科学院考古研究所安阳工作队：《2000~2001年安阳孝民屯东南地殷代铸铜遗址发掘报告》，《考古学报》2006年第3期。
[10] 李阳：《殷墟北辛庄村商代遗存考察》，《安阳历史文物考古论集》，大象出版社，2005。
[11] 中国社会科学院考古研究所：《殷墟发掘报告1958~1961》，文物出版社，1987。
[12] 安阳市文物考古研究所：《安阳殷墟戚家庄东商代墓地发掘报告》，中州古籍出版社，2015。
[13] 中国社会科学院考古研究所安阳工作队：《河南安阳市铁三路殷墟文化时期制骨作坊遗址》，《考古》2015年第8期。
[14] 何毓灵：《殷墟手工业管理模式探析》，《三代考古（四）》，科学出版社，2011。
[15] 王迪：《是不是纺轮——人类学视角下纺轮状器物的多种用途》，《民俗研究》2014年第1期。

# 殷墟甲骨及骨角牙蚌器概述

陈 翔[*]

骨器是先民生活中重要的物品之一，存在于自旧石器时代起漫长的时间段中。中国在进入青铜时代后，骨器的制造与使用并未衰落，反而出现了一系列新的迹象——都邑中制骨作坊的出现、骨器种类的增加、骨器制作工艺的进步等。[1]在中国青铜时代第一个高峰期，[2]以动物骨骼（包括骨、角、牙）和贝类为原料制作而成的器物种类繁多、工艺精美，包括作为书写载体的甲骨以及作为实用品、装饰品的骨角牙蚌器。

以动物骨骼作为占卜工具，在中国可追溯至新石器时代。[3]而以甲骨作为载体进行系统的文字书写，则首见于殷墟时期。骨角牙蚌器则包含兵器、工具等实用的必需品（Necessities），以及不少造型复杂、纹饰精美用来装饰和炫耀的威望物品（Prestige Goods）。作为书写载体的甲骨绝大多数是用来占卜的，本身就蕴含着神性。而从出土情况来看，殷墟的骨角牙蚌器不仅具有作为实用器的"器具"（Instrument）属性，同样也具有象征地位、精神的"符号"（Sign）属性。[4]由此可见，殷墟先民似乎对"骨"这种物质有某种特殊的偏好。

## 一 出土概况

### 1. 甲骨出土概况

1899年，王懿荣生病服药时发现"龙骨"上的文字，进而考证出其上文字属于商代文字的故事，大概是关于殷墟甲骨文发现最著名的说法了。这种颇具传奇色彩的说法，可能并非事实。根据陈梦家先生的说法，当时所谓的"龙骨"或者被研磨成粉或者被刮去上面的字再贩卖给药材店。[5]所以即使王懿荣当时真的服用了"龙骨"，他可能也未必能看见上面的文字。但王懿荣确实在1899年发现了甲骨文，几

---

[*] 陈翔，山东大学历史文化学院，在读博士研究生。

乎同时，天津的王襄、孟定生也发现了甲骨文，殷墟甲骨文从此重见天日。[6]

然而，正如陈梦家所说，1899年不能算作殷墟甲骨出土的一年，因为在此之前当地村民就常常刨地得到甲骨。[7]小屯村发掘的隋唐时期的墓葬填土中曾有甲骨出土，有学者据此认为"殷墟甲骨文最早被发掘的时代可能是隋唐"。[8]不过，这也只是根据考古发掘所做的推测，隋唐之前有甲骨出土也是可能的。所以，我们无法确知殷墟甲骨最早被发掘的时代到底是何时。因此，我们在讨论殷墟甲骨出土情况时，还是以1899年为起始年份。

在王懿荣发现甲骨文后的很长一段时间，甲骨交易都是靠古董商贩从中倒卖，藏家并不太清楚甲骨的确切出土地点。直到1908年，罗振玉经过探访才知道甲骨的真正出土地点是"洹滨之小屯"，[9]这才开始有藏家直接到安阳小屯村收购甲骨。从1899年开始到1949年可知的私掘、盗掘行为大概可分为：[10]

（1）小屯村民的私掘

第一次，1899~1900年。此次私掘所得甲骨的一部分被古董商售卖给了王懿荣。

第二次，1904年。此次私掘过程时间长，出土甲骨数量巨大，据说所获有几车之多。端方、黄濬和徐坊所得的3600多版甲骨，都出自此次私掘。

第三次，1909年。小屯村民挖山药沟发现甲骨，出土牛肩胛骨骨臼、边缘部分甚多。这批甲骨售给了罗振玉。

第四次，1920年。当时华北五省大旱，村民相约在洹河边挖掘甲骨，附近村民也都参与其中。这次所获甲骨大部分卖给了王襄和霍保禄。

第五次，1923年。此次在张学献家菜园发现有字骨版，有两块大骨版，文字很多。这批甲骨大部分为明义士所购。

第六次，1924年。村中筑墙起土，发现一坑甲骨。这批甲骨大部分也被明义士买去。

第七次，1925年。村民在村前路旁大举挖掘，得甲骨数筐。这批甲骨多售给了上海商人，至1927年被明义士购去。

第八次，1926年春。张学献被土匪绑架，小屯村民与其家人商议挖掘菜园，后因伤人中辍，得甲骨甚多。这批甲骨也多被明义士买去。

第九次，1928年春，北伐军在安阳作战，驻军洹南，村民不能耕作。战事结束后，村民大举挖掘甲骨，多数卖给了上海、开封商人。

1937年至1945年抗日战争期间，小屯及附近村民也私自发掘了包括甲骨、青铜器、玉器、骨器、白陶等大量文物，其中最著名的当属1939年出土的迄今世界最大、最重的青铜器"司母戊方鼎"。

（2）抗日战争期间日本人在殷墟的盗掘

1937年抗日战争爆发后，中央研究院历史语言研究所（以下简称史语所）被迫停止在殷墟的发掘。1938年，有两支日本调查团分别到安阳进行考察、发掘。1940~1941年，东京帝国大学考古学教室来安阳发掘。1942~1943年，驻河南的日本军队也利用汉奸对殷墟进行盗掘，出土大量文物，都运至日本。

1928年史语所在殷墟进行第一次发掘，这被看作是中国科学考古学兴起的标志，[11]由此也开启了对甲骨的科学发掘。对于甲骨的科学发掘，可以1949年为界分为两个阶段：[12]

（1）1928~1937年史语所十五次殷墟发掘

第一次发掘为试掘，从1928年10月13日至10月30日，工作地点在小屯村。此次获得字甲555片、字骨299片，共计854片。

第二次发掘，从1929年3月7日至5月10日，工作地点为小屯村中、村南、村北三处，获字甲55片、字骨685片，共计740片。

第三次发掘，分为两期，分别为1929年10月7日至21日和11月15日至12月12日，工作地点在小屯村北高地和村西北的霸台。此次获得包括著名的"大龟四版"在内的字甲2050片、字骨962片，共计3012片。还发现刻辞的牛头骨、鹿头骨各一个。此次发掘期间，河南省博物馆曾派何日章到小屯进行发掘，1930年2月到4月再次进行发掘。何日章两次发掘共获得字甲2673片、字骨983片，共3656片。但何日章单为寻找甲骨而发掘，手法较为粗暴，后来的学者对其有所诟病。

第四次发掘，从1931年3月21日至5月12日，工作地点在小屯村北、后冈和四盘磨。在小屯村北获得字甲751片、字骨31片，共计782片，并发现一个刻辞鹿头骨。在后冈发现字骨1片，这是在小屯村以外首次发现的甲骨文。

第五次发掘，从1931年11月7日至12月19日，工作地点在小屯村北和村中。获字甲275片、字骨106片，共计381片，其中1片牛肋骨刻辞，十分罕见。

第六次发掘，时间从1932年4月1日至5月31日，工作地点在小屯村北。获字骨1片。

第七次发掘，从1932年10月19日至12月15日，工作地点在小屯村北。获字甲23片、字骨6片，共计29片。

第八次发掘，从1933年10月20日至12月25日，工作地点在小屯村北。获字甲256片、字骨1片，共计257片。

第九次发掘，从1934年3月9日至4月1日，工作地点在小屯村北。获字甲438片、字骨3片，共计441片。4月2日至5月31日，改在侯家庄南地发掘，获字甲8片，其中包括"大龟七版"，字骨8片，共计16片。此外，还从侯家庄村民处征购字甲1片、字骨30片。侯家庄是小屯村外第二个发现甲骨文的地方。

1934年秋至1935年秋的第十、十一、十二次发掘，重点在于侯家庄的王陵区，未发现甲骨文。

第十三次发掘，从1936年3月18日至6月24日，工作地点在小屯村北。此次发现了著名的H127甲骨坑，坑内发现龟甲17088片、牛骨8片，共计17096片，其中完整的龟甲有近300版。加上其他所出甲骨，此次发掘共得字甲17756片、字骨48片，共计17804片。

第十四次发掘，从1936年9月20日至12月31日，工作地点在小屯村北。获字甲2片。

第十五次发掘，从1937年3月16日至6月19日，工作地点在小屯村北。获字甲549片、字骨50片，共计599片。

综上所述，史语所十五次殷墟发掘获得包括字甲、字骨、刻辞牛头骨、刻辞鹿头骨和刻辞牛肋骨在内的有字甲骨，共计24922片。

（2）1949年以后历次发掘

1949年新中国成立后，殷墟考古发掘工作迅速重启。1950年中国科学院考古研究所（以下简称"考古所"）成立，4月至6月便开始了新中国成立后的第一次殷墟发掘。在四盘磨村发现刻有三行数字的卜骨1片，后经张政烺先生研究，认为这是古代的易卦。

1953年考古所在大司空村发掘，在灰坑中出土2片有字龟甲，系习刻文字。

1955年河南省文物工作队第一队配合基建，在小屯村东南发掘，出土卜骨1片。

1958年考古所成立安阳工作队。1958年春至1961年冬，安阳工作队配合基建，对包括小屯西地在内的13个地点进行发掘。其中小屯西地出土有字卜甲1片，是龟背甲，属于习刻文字；大司空村出土有字卜骨2片，亦属于习刻文字；1959年在苗圃北地出土有字卜骨1片，1961年出土有字龟背甲1片，后者属于习刻。

1962~1964年，安阳工作队发掘苗圃北地，发现刻字卜骨2片。

1967~1977年，安阳工作队在小屯村北、村中、村南，先后采集有字卜骨10片，有字卜甲4片。

1971年，安阳工作队发掘后冈，在一座墓中发现有字残骨1片。

1971年冬至1973年春，安阳工作队发掘小屯西地。1971年12月发现21片完整的牛胛骨，其中10片有字；1972年发现有字卜骨3片，卜甲1片。

1973年3月至12月，安阳工作队两次发掘小屯西地。出土有字甲骨5335片，其中卜甲75片、卜骨5260片、牛肋骨4片、未加工骨料8片，后又缀合530片，实得4805片。这4805片是自1949年后殷墟发掘出土有字甲骨最多的一次，其中完整的牛胛骨达100版，也是自殷墟科学发掘以来首见。

1974年春，安阳工作队发掘苗圃北地，出土有字龟腹甲1片。

1985年，安阳工作队在苗圃北地以西一处墓葬的填土中发现卜骨1片，上有4字，为习刻。

1985年秋，安阳工作队发掘小屯西北地，在一座灰坑内发现有字卜甲2片。

1986年春，安阳工作队在小屯村中发掘一个大灰坑，在扰土和文化层中发现有字卜骨8片。

1989年，安阳工作队在小屯村中发掘，发现字骨294片。

1991年10月，安阳工作队为配合基建进行钻探，在花园庄东地发现一个堆积有甲骨的长方形窖穴。整坑甲骨被整体套箱运回考古工作站进行清理、揭取，共发现甲骨1583片，其中有字甲骨689片。这是1928年殷墟考古以来继H127坑、小屯南地甲骨后第三次甲骨大发现。

1991年10月，安阳工作队在花园庄南地发掘，获得有字卜骨5片，多为习刻。

2002年6月至8月，安阳工作队在1973年发掘地点的东部发现甲骨600多片，其中有字甲骨228片。

2004年3月至8月，安阳工作队在大司空村进行发掘，在1个窖穴内发现有字卜骨1片，内容系干支表。

综上所述，新中国成立后，在殷墟考古发掘中共发现有字甲骨6495片。

## 2. 骨角牙器出土概况

早在1928年史语所的殷墟考古发掘之前，就有殷墟骨角牙器的出土记录。出版于1916年由罗振玉编纂的《殷墟古器物图录》中除了少量的铜器、玉器和石器外，剩余皆是骨角牙器。[13]此后，黄濬、加拿大传教士怀履光和明义士也都搜集、刊布了一批骨器、牙器。[14]不过，早期藏家对于骨角牙器的搜集、刊布，就像对甲骨的搜集一样，只注重器物本身而不关注器物的出土情况。因此，对于骨角牙器的科学发掘和刊布还是要从1928年开始。

自1928年以来，殷墟考古发掘所见骨角牙器数量巨大，总数在三万件以上。其中骨器所占比例最大，种类最多；角器和牙器数量较少，种类不多，其中牙器又可分为象牙器和兽牙器，象牙器多工艺繁复，制作精美。以下按编年顺序，择其主要分述如下。

### （1）史语所的发掘

史语所发掘出土的骨角牙器绝大多数出自于侯家庄王陵区大墓。这些大墓皆被盗严重，但还是残存了大量的骨器，这批"劫后余生"的骨角牙器占了目前殷墟发掘所得骨角牙器的绝大部分。

对于侯家庄王陵区的发掘始于1934年史语所第十次殷墟发掘，这次发掘实际上持续到了1935年春的第十一次发掘，将四座带四条墓道的大墓即M1001、M1002、M1003和M1004清理干净。这四座墓葬共出土骨角牙器22614件（片），包括骨制兵器、装饰品、工具、角制装饰品、象牙制装饰品、器皿等。[15]

1935年秋的第十二次殷墟发掘，继续将工作地点放在王陵区。此次除小墓外，共发掘大墓5座、假大墓1座。出土的骨角牙器共586件（片），种类与上述四座大墓相似。[16]

综上，史语所在侯家庄王陵区发掘所得骨角牙器约23200件（片）。

### （2）考古所的发掘

1958~1961年，安阳工作队为配合安阳市的基建工程，在洹河两岸共十三个地点进行考古发掘，取得了巨大的成绩。在这一阶段的发掘中，共出土骨角牙器1504件，其中骨器1471件、角器27件、牙器6件。骨器包括工具、武器和装饰品，角器包括武器和工具，牙器包括工具和装饰品。[17]

1969~1977年，安阳工作队为配合安阳市基建工程，在殷墟西区进行了大规模的钻探和发掘。实际发掘939座殷代墓葬和5座殷代车马坑，收获丰富，共出土骨器和牙器137件，其中骨器130件、牙器7件。

1975年冬，小屯村民计划平整小屯村西北地的一块岗地，安阳工作队对该岗地进行勘探，发现了丰富的殷墟时期遗存。从1976年5月开始，历时半个多月，终于将其中著名的妇好墓清理完毕。该墓出土了丰富的骨器和象牙器，其中骨器包括工具、武器、装饰品及雕刻艺术品等共564件，象牙杯3件、雕花象牙残片2块。[18]

1975年冬开始的小屯西北地勘探、发掘工作，一直持续到1985年。除了妇好墓以外，还发掘了大量的遗址、墓葬，出土了大量遗物。除妇好墓外，这十年间小屯西北地其他遗迹出土了354件骨器和牙器，其中骨器352件，包括工具、装饰品和武器等，牙器3件。[19]

1977年冬，安阳工作队在西北冈王陵区西区钻探时发现一座大墓，次年5月对该墓进行发掘。该墓被盗严重，但仍残存了110件骨器和1件鹿角，其中骨器多数为骨镞、骨锥和骨笄。[20]

1984年，安阳工作队在武官村北、西北冈王陵区发掘了一座带墓道的大墓，传说著名的司母戊大方鼎即出自此墓。共出土骨角牙器294件，其中骨器269件、角器4件、牙器21件。[21]

2004年，为配合豫北纱厂厂区改建，安阳工作队在大司空村东南、豫北纱厂厂区中部偏北进行了大面积的勘探和发掘。此次发掘共出土骨角牙器404件，其中骨器357件、角器43件（包括鹿角4件）、牙器4件（包括象牙器3件）。[22]

除上述以外，殷墟还发现了一批制骨作坊、遗存，出土了大量的骨料和骨器成品、半成品。如大司空制骨作坊面积达1万余平方米，出土了3万余件的骨器半成品、坯料和废料；[23]铁三路制骨作坊出土动物骨骼达36吨，其中绝大多数是骨料。[24]由此可见，殷墟先民对骨制器物的需求量之大，我们今天所见到的殷墟骨角牙器也许只是实际存在的一小部分。

## 二 研究综述

自1899年发现甲骨文以来，迄今已积累了15万片左右的资料。[25]在这一过程中，甲骨学作为一门新兴的学科逐渐产生、发展。如今的甲骨学已经是一门独立、成熟的学科，甲骨学研究门类多样、成果丰富。因此，我们这里对甲骨学的研究综述从略，有兴趣的读者请参看陈梦家著《殷墟卜辞综述》以及王宇信、杨升南主编《甲骨学一百年》，宋镇豪、刘源著《甲骨学殷商史研究》等相关著作。

学界对于殷墟骨角牙器研究成果较少，已有的成果也多集中在骨器上，而基本不见对角、牙器的研究。这与骨角牙器本身的特质有关，相对于陶器、青铜器来说，骨角牙器形态变化速率低，文化特征不明显，无法作为断代的依据。[26] 现有对于骨器的研究多集中在对骨器的纹饰、形制和制作工艺上，只有少部分学者对骨器背后所体现的社会意义进行讨论，以下按时间顺序分述如下：

梅原末治在 1936 年发表的《河南安阳发见の遗物》一文中对一件雕花骨器进行复原，并对其功用进行了考证。[27]

罗越（Max Loehr）在 1953 年发表的 The Bronze Styles of the Anyang Period 一文中，认为商代的骨器纹饰与青铜器纹饰十分一致，安阳的骨器纹饰表现出来的是商代青铜器纹饰第 IV 类以后的风格。[28]

李济先生于 1959 年发表的《笄形八类及其纹饰之演变》一文，以类型学及出土关系为依据，开创性地对殷墟发掘所获骨笄的演化形式进行了研究。在 1977 年出版的《安阳》一书中，李济概括性地讨论殷墟骨制品的制作和装饰艺术。[29]

吕承瑞于 1965 年完成的硕士论文《殷墟骨柶的研究》及同年发表的《殷墟骨柶形制之分类》一文，对殷墟出土"骨柶"进行了较为全面的研究。[30]

陈仲玉于 1969 年发表的《殷代骨器中的龙形图案之分析》，对殷墟雕花骨器中的"龙形"纹饰进行了研究；1995 年又发表了《殷墟骨柶上的装饰艺术》一文，对殷墟所出"骨柶"的纹饰及雕刻工艺进行了研究。[31]

在 1994 年出版的《殷墟的发现与研究》中，陈志达先生对殷墟出土的骨角牙器进行了分类，并对殷墟制骨工艺、制骨作坊性质和制骨手工业的相关问题进行了研究，他认为除了专业性作坊外，当时殷墟还存在一些平民自行制作骨器的现象。杨锡璋先生在该书中认为精美的骨器和象牙器是在王室或者贵族控制的工场中生产制造的，而生产普通骨器的制骨作坊则应属于专业手工业者，还根据出土现象，认为制骨这种与平民日常生活联系紧密的手工业，既有专业的，也有副业的。[32]

徐良高在 1994 年发表的《略论中国古代骨角牙蚌器》中对自旧石器时代至明清时期出土骨角牙蚌器进行了比较、研究，指出骨角牙蚌器在夏商周社会生活中占据着重要地位。[33]

内田纯子于1995年发表《殷墟出土のいわゆる骨柶について》一文，讨论了西北冈大墓出土"骨柶"的早晚关系及大墓系列等问题；她在2013年又发表《殷墟西北冈1001号大墓出土雕花骨器的研究》一文，对1001号大墓所出雕花骨器和象牙器进行了复原，并对其功用进行了解释。[34]

王迎在2000年完成的博士论文 Rank and Gender in Bone Art at the Late Shang Center at Anyang(China)，从"性别考古学"角度探讨了殷墟骨器与女性的关系，认为骨笄与女性的身份和地位有关。[35]

孟宪武、谢世平在2006年发表的《殷商制骨》一文中，对殷墟制骨场的分布、规模、性质、制骨流程、骨器种类以及晚商骨器制造业的历史阶段、动因和意义进行了探讨，为从殷墟都邑布局、文化发展的角度研究制骨手工业提供了有益的思路和参考。[36]

李志鹏、何毓灵、江雨德在2011年发表的《殷墟晚商制骨作坊与制骨手工业的研究回顾与再探讨》一文中，较为全面地涉及了骨器和制骨手工业研究的领域和取向，并详细地复原了殷墟骨器制作流程，对于殷墟骨器及相关问题研究提供了有益的参考。[37]

陈翔在2016年完成的硕士论文《殷墟出土骨器类型及功能初探》中，对镞、笄、匕等主要骨器进行了形制和功能的研究，初步探讨了骨镞、骨笄和骨匕所反映的社会意义。[38]

除此之外，殷墟历年发表的考古简报、报告也对涉及的骨角牙器及相关遗存进行了分类和讨论，这里就不再详细介绍。

## 三 器物类型

殷墟甲骨文除了卜辞外，还有记事刻辞、表谱刻辞和习刻文字等。卜辞的载体称为卜甲、卜骨，卜甲多用龟腹甲，也有少量的龟背甲，卜骨主要是牛胛骨。除此之外，在鹿头骨、牛头骨、虎骨、牛距骨、人头骨和一些骨器上也发现有记事刻辞和其他文字。鉴于相关的研究十分充分，本图录中暂未收录刻辞及无字甲骨。

殷墟骨角牙器种类较多，形态多样，根据功能可以将这些器物大致分为工具、用具、武器、乐器、装饰品、雕刻艺术品以及其他七类。[39]以下按照上述分类，对各器物的类型与形态作一介绍。

（一）骨器

1. 工具类

（1）骨刀

目前发现较少，大致可分为端刃和边刃两类，端刃类应该是作雕刻用，边刃类则应该是作切割用。根据出土情况，端刃类的数量和形态要远比边刃类丰富。端刃类骨刀大致可分为两种，一种柄部有雕刻精美的动物形象，三件出土于妇好墓，[40]一件出自花东M54。[41]76M5：21，一端刻凤鸟形象，通长8.7厘米（图1-1）；76M5：22，一端刻穿山甲形象，柄部作为穿山甲尾巴，设计巧妙，通长8.6厘米（图1-2）；76M5：96，一端刻龟形象，通长7.8厘米（图1-3）；花东M54：592，一端刻兔形，通长6.1厘米（图1-4）。一种柄部无雕饰，KT12③A：7，上端宽，下端较窄，通长7.6厘米[42]（图1-5）；PNⅣH2①：2，中腰细，刃部较宽，通长7.9厘米[43]（图1-6）。

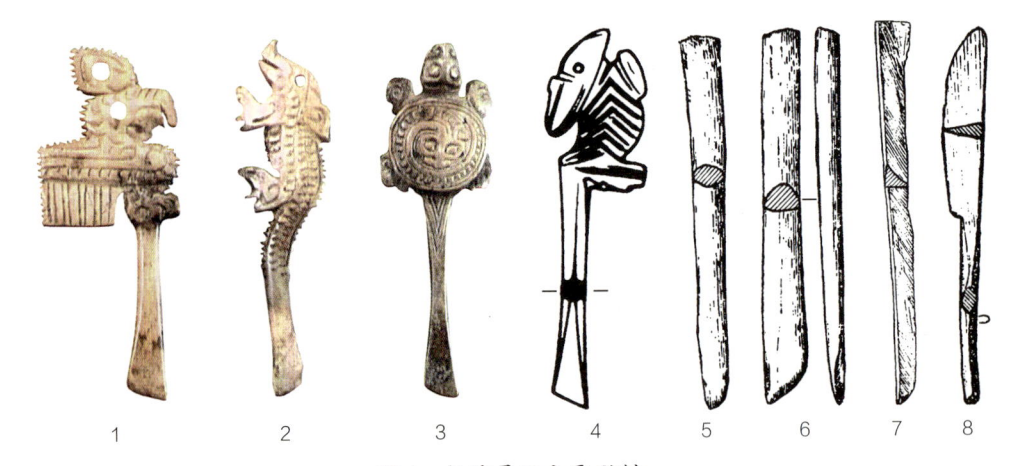

图1 殷墟骨刀主要形制
1. 76M5：21 2. 76M5：22 3. 76M5：96 4. 花东M54：592
5. KT12③A：7 6. PNⅣH2①：2 7. GNT2⑤：55 8. GNT5④：22

边刃类一般一端有柄，便于手持。GNT2⑤：55，半成品，通长9.6厘米[44]（图1-7）；GNT5④：22，刀背平直，刀柄呈圆柱状，通长7.5厘米[45]（图1-8）。

（2）骨凿

目前发现较少，大致呈两种形态。一种顶端未做加工，较宽，GT264④：

19，一端磨制，一端未作加工，刃部较宽，呈鸭嘴状，通长16厘米[46]（图2-1）；GT201④B：24，通长9.5厘米[47]（图2-2）。一种通体磨制，两端宽度较一致，KH2：12，长条圆柱状，通长16厘米[48]（图2-3）；PNH208②：26，长条扁状，通长12厘米[49]（图2-4）。从顶端和刃部的形态看，这两种骨凿的差别应是追求不同功用造成。第一种顶端较宽，便于握拿，整体也较粗壮，可以施加较大的力度；第二种整体较细，显然无法施加较大的力量。

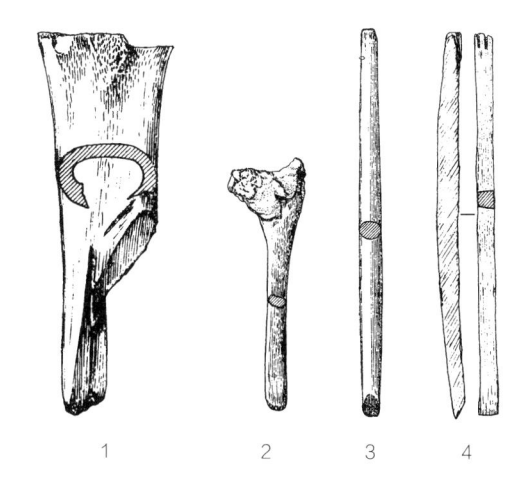

图2　殷墟骨凿主要形制
1. GT264④：19　2. GT201④B：24　3. KH2：12　4. PNH208②：26

（3）骨锥

出土数量较多，达901件，可辨器形者大约有559件，根据整体形态可分为甲、乙两大类。

甲类，461件。一端尖锐，根据锥首形态分为A、B两大型。

A型，272件。锥首经过整治，根据锥身形态分为a、b两亚型。

Aa型，210件。锥身呈圆柱体或近似圆柱体。03小屯M1：12，制作粗糙，有磨制痕迹，未经抛光，一端齐整，一端尖锐，通长13.9厘米[50]（图3-1）。

Ab型，62件。锥身较扁。86~87花南H1：3，一端齐整，一端尖锐，剖面呈扁平长方形，通长18.1厘米、厚2厘米[51]（图3-2）。

B型，194件。锥首未经整治。04大司空T1315H213：1，整体扁，一端圆，未经修整，一端尖细，尖部略残，残长15.1厘米[52]（图3-3）。

乙类，93件。两端皆较尖锐，根据锥身形态分为A、B两大型。

A 型，90 件。锥身细长。58~61SH317②：16，两端尖锐，体弯呈弧形，通长 27 厘米[53]（图 3-4）。

B 型，3 件。锥身较 A 型宽短。西区 M294：1，体呈菱形，两端尖锐，通长 8.3 厘米[54]（图 3-5）。

甲乙两类骨锥不同的形态，也是因其功用不同导致的。墓葬所出骨锥多属于甲类 Aa 型，如 03 小屯 M1 出土的 14 件骨锥，其中 9 件未经扰动，均嵌在椁室四壁木板缝隙上，发掘者推测其应是固定椁板所用[55]；西区 M222 出土 6 件骨锥，出土时均钉在"画幔"四角，发掘者认为是作钉用的[56]。此型骨锥锥首削平，锥身较粗，便于击打亦能承受一定的重力。从整体出土情况看，生活区出土的甲类 Aa 型骨锥数量远多于墓葬所出，这说明此型骨锥不单在墓葬中固定物件，在现实生活中亦用来固定物件。

甲 B 型骨锥整体粗糙，精细程度不及甲 A 型，特别是锥首未经修整，缺少供击打的承力面，可能为某种手握式工具。乙类骨锥两端尖锐，扁长而细，不可能用来固定物件，亦不能用作较强力的生产工具，可能是作剔刻之用。总体来说，我们称之为"骨锥"的器物并非只具有一种功能，殷墟先民在使用它们时，一器多用，充分发挥其工具性可能更接近真实情况。

（4）骨铲

目前发现较少，根据制作原料不同，大致可分为两类。一类是用兽类下颌骨制成，

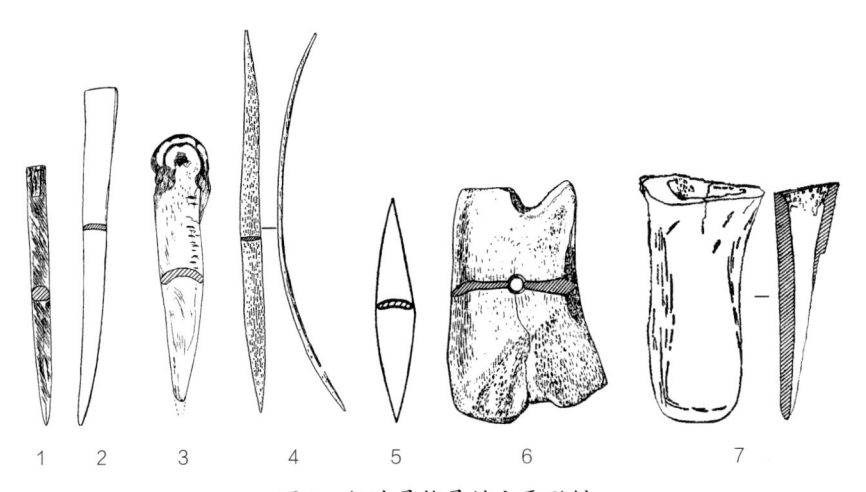

图 3　殷墟骨锥骨铲主要形制

1. 03小屯M1:12　2. 86~87花南H1:3　3. 04大司空T1315H213:1
4. 58~61SH317②:16　5. 西区M294:1　6. 58~61PNH28①:3　7. 84苗北T2④:3

58~61PNH28①：3，中穿一圆孔，单刃，微残，通长11.7厘米[57]（图3-6）。另一类是用兽类肢骨等制成，84苗北T2④：3，长方形，圆弧刃，通长14.2厘米[58]（图3-7）。

2. 用具类

（1）骨皿

出土数量较少，侯家庄M1001出土约12件（未计残片），皆残。上部皆为浅盘，下接底座式矮足，形制似豆，根据残存痕迹可知，该类器物应皆经过涂漆。侯家庄M1001：R7538，口径11.5厘米、底径8.1厘米、高4.48厘米[59]（图4-1）。

（2）骨舥

侯家庄M1001出土18件（未计残片），皆残，口部圆薄，下部厚方。分大小两种，表面皆雕刻四段花纹，内壁皆涂红。侯家庄M1001：R018297，大型，残长28.2厘米、底径11.7厘米[60]（图4-2）。

（3）骨梳

出土较少。妇好墓出土1件，已残，76小屯M5：325，梳身呈方形，两面分别刻兽面纹和三角形纹，上端有鸟形钮，下端有断齿十四枚。残高5.5厘米、宽4.1厘米[61]（图4-3）。另有北辛庄出土1件，下端有残齿九枚[62]。

（4）骨勺

妇好墓出土2件。勺部窄长下凹，细长柄。76小屯M5：323，柄部上下端分别刻兽面纹，长14.8厘米（图4-4）。76小屯M5：324，上端刻心形纹，长13.2厘米（图4-5）。[63]

（5）骨觿

出土甚少。长条形，柄部似鱼形，下端微曲，上有刻纹。西区M640：9，刻几何纹，长14.4厘米[64]（图4-6）。《说文·角部》："觿，佩角，锐耑可以解结。"从目前发现的被称为"骨觿"的器物来看，该器物两端都没有锐利的部分，似乎不太可能用来解结。"骨觿"的形制与"弭"较为相似，[65]我们不排除所谓骨觿可能是用来固定和绑缚弓弦的弓弭。

（6）骨匕

或称骨栖，数量较多，共1098件（片）[66]。其中王陵大墓所出骨匕保存较差，部分仅剩残片。可辨者大约有1035件（片），根据有无纹饰，可分为A、B两大型。

A型，615件。素面。76小屯M5：1550，[67]长方形，上窄下宽，平顶弧刃，磨光，

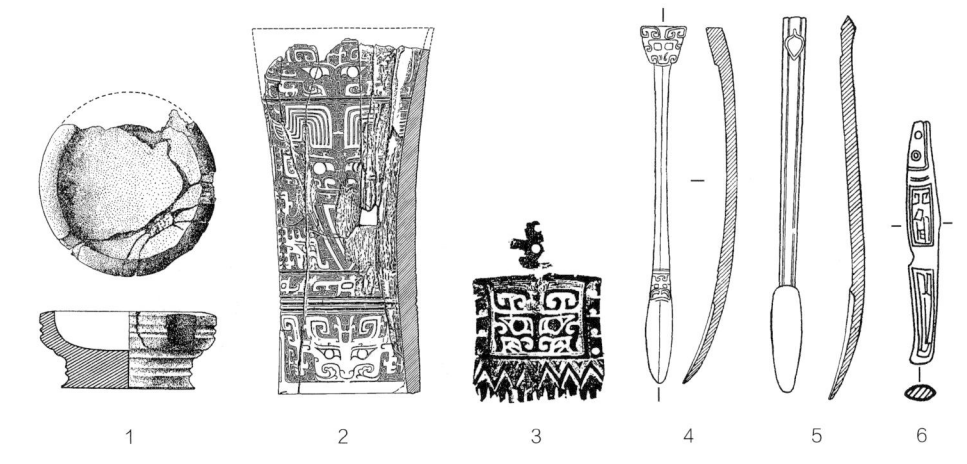

图 4　殷墟骨皿形器、舥形器、梳、勺、觿
1. 侯家庄M1001：R7538　2. 侯家庄M1001：R018297　3. 76小屯M5：325
4. 76小屯M5：323　5. 76小屯M5：324　6. 西区M640：9

近顶端有一对穿圆孔，通长9.4厘米、宽2.7厘米（图5-1）。PNH4：6，[68]长条状，齐头圆刃，通体磨光，呈翠绿色，通长22厘米、宽2.1厘米、厚0.2厘米（图5-2）。

B型，416件。有纹饰，分为a、b二亚型。

Ba型，2件。彩绘纹饰，皆出自侯家庄M1001。M1001：3：3518（1），[69]由三件碎片拼合而成，正反两面皆有彩绘红色纹饰，有蛇纹、夔纹、鱼纹、几何纹等，残长33.4厘米、最宽处4.35厘米、最厚处0.91厘米（图5-3）。

Bb型，414件。雕纹。侯家庄M1001：R7657[70]，长条状，残，正反两面皆刻纹饰，有三角纹、夔纹、鸟纹、涡纹、鱼纹、虫纹等，残长27.05厘米（图5-4）。

素面类骨匕还有刻画符号或文字的情况，刻画文字、符号的素面骨匕出现在洹北商城时期，上刻"亚戈"二字（图5-5）。2005年安钢大墓M11出土一件素面刻辞骨匕，下端残损，上余十六字（见本书81页）。[71]雕纹骨匕也同样发现有文字，并且多是刻辞。目前发现的刻辞雕纹骨匕有四件，皆是传世品，包括现藏加拿大多伦多皇家安大略博物馆的一件虎骨骨匕、现藏中国国家博物馆的两件"宰丰"骨匕以及一件记录商王获白兕的骨匕。[72]

刻辞骨匕的文字基本都镶嵌绿松石，内容一般都是商王田猎获得虎或兕的记录，如著名的宰丰骨匕的刻辞："壬午，王田于麦录，隻商戠兕。王易宰丰，寑小𦥑兄，才五月，隹王六祀彡日。"（《甲骨文合集补编》11299反面）就是记录着商王

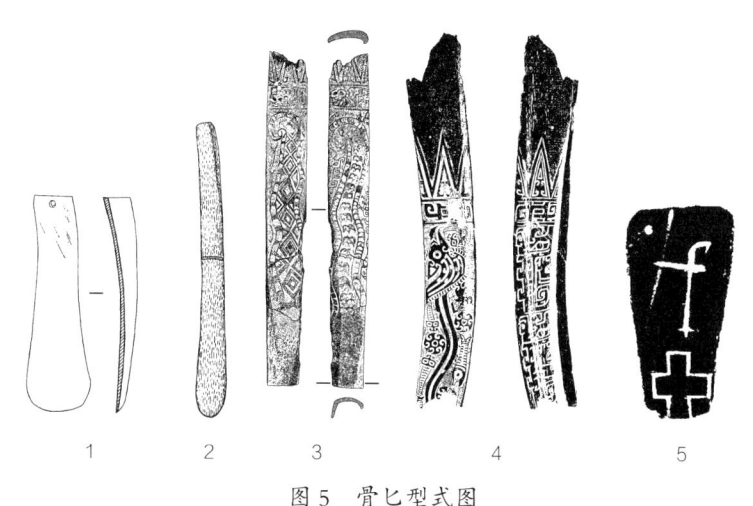

图 5　骨匕型式图
1. 76小屯M5∶1550　2. PNH4∶6　3. 侯家庄M1001∶3∶3518（1）
4. 侯家庄M1001∶R7657　5. 98~99洹北花园庄T11③∶7

在田猎时捕获戠兕，将之赏赐给宰丰的事情。

雕纹骨匕的纹饰面通常为三段式构图，纹样类型大致为动物纹和几何纹两种，以动物纹种类最多，而动物纹中又以龙纹、夔纹、鸟纹和蝉纹最为常见。雕纹骨匕上同一母题下的动物纹都有诸多变体，这种情况出现在几乎所有的动物纹中，也就是说，即使是同一母题，也很难找到完全相同的两种动物纹。同时，在同一件雕纹骨匕上，正反面花纹的母题几乎都不一样。陈仲玉发现在龙纹及夔纹的变化程度上，雕纹骨匕远比青铜器更为复杂。[73]

用具类骨器尚有骨针、盖钮等，但出土数量不多，这里从略。

3. 武器类

（1）骨镞

出土极多，总数在两万件以上，是出土数量最多的骨器。根据已公布的材料，可辨器形者不到总数四分之一，仅4544件左右。依据其形态可分为甲、乙两大类，即甲类扁形镞和乙类圆锥状镞。

甲类，扁形镞，至少4421件。根据整体形态分为A、B、C三型。

A型，至少4162件。无后锋，身、铤分界明显，根据镞身截面分为a、b、c、d、e五个亚型。

Aa型，19件。镞身截面呈三角形。97洹北花园庄T2③∶42[74]，短关，铤部较短，通长7.8厘米（图6-1）。97洹北花园庄H2∶79[75]，铤部较粗，通长7.7厘米

（图6-2）。仅见于中商时期。

Ab型，至少223件。镞身截面呈菱形或近似菱形。可分为二式，延续时间长，中商时期至殷墟四期皆有发现。

Ⅰ式　3件。镞身较宽，铤部较粗。97洹北花园庄H12∶43[76]，圆锥状粗铤，通长8.1厘米（图6-3）。

Ⅱ式　至少220件。窄身，细铤。10~11刘家庄北M220∶7[77]，前锋残，铤细长，残长10.3厘米（图6-4）。

器形演变：镞身由宽变窄，铤部由粗变细。

Ac型，2320件。镞身截面呈椭圆形或近椭圆形。侯M1002∶R8575[78]，镞身较窄，铤部细长，通长10.61厘米（图6-5）。见于殷墟一、二、三期，绝大多数出于侯家庄M1002、M1003两座墓葬。

Ad型，1600余件。镞身一面弧形，一面较平缓。侯M1001∶图版165-1[79]，整体细长，镞身较窄，铤部较长，通长10.1厘米（图6-6）。绝大多数见于侯家庄M1001。

Ae型，5件。镞身截面呈不规则形。西区M93∶23[80]，平头，镞身呈扁长条形，铤部较粗，通长10.8厘米（图6-7）。仅出于西区M93。

B型，166件。无后锋，镞身与铤无明显分界。根据镞身截面形态分为a、b、c、d四个亚型。

Ba型，129件。镞身截面呈三角形。可分为二式。

Ⅰ式　128件。铤部较粗。小屯南组M232∶R21581[81]，铤较长，通长8.4厘米（图6-8）。多见于殷墟一、二期。

Ⅱ式　1件。铤部较细。侯M1003∶R8597∶2[82]，铤较Ⅰ式细，通长9.3厘米、铤长3.0厘米（图6-9）。

Bb型，5件。镞身截面菱形。可分为二式。

Ⅰ式　1件。铤部较粗。98~99洹北花园庄H17∶7[83]，镞身较宽，铤部粗短，通长9.5厘米（图6-10）。

Ⅱ式　4件。铤部较细。苗圃PNT207③A∶2[84]，镞身较窄，铤部细长，通长11.6厘米（图6-11）。

器形演变：镞身由宽变窄，铤部由粗变细。

Bc 型，7 件。镞身一面较突，一面较平缓。可分二式。

Ⅰ式　2 件。铤部粗短。小屯南组 M232：R21582[85]，镞身宽扁，铤部较粗，残长 8.0 厘米（图 6-12）。

Ⅱ式　5 件。铤部细长。84 苗北 H14：3[86]，镞身较窄，铤部较细，通长 7.15 厘米（图 6-13）。

Bd 型，25 件。镞身扁平。98~99 恒北花园庄 T4③：9[87]，镞身扁平，铤部不明显，通长 8.5 厘米（图 6-14）。多见于中商时期至殷墟一、二期。

C 型，93 件。双翼近似燕尾形，有后锋，根据叶、脊形态分为 a、b、c、d、e 五个亚型。

Ca 型，17 件。宽叶，中脊截面呈圆形，分为二式。

Ⅰ式　7 件。双翼扁平，后锋尖锐，铤部较细。侯 M1001：R5336[88]，镞身瘦长，通长 7.5 厘米（图 6-15）。仅见于侯家庄 M1001。

Ⅱ式　10 件。镞身较宽，铤部较粗。西区 M122：4[89]，前锋尖锐，中脊延伸至铤部，通长 4.7 厘米（图 6-16）。多见于殷墟四期。

器形演变：镞身变宽，双翼内收，铤部由细变粗。

Cb 型，33 件。宽叶，镞身截面呈菱形或近似菱形，分为二式。

Ⅰ式　4 件。长铤。04 大司空 M5：9[90]，长铤，通长 7.2 厘米、铤长 4.1 厘米（图 6-17）。多见于殷墟三期

Ⅱ式　29 件。04 大司空 M412：31[91]，短铤，通长 4.7 厘米、铤长 1.6 厘米（图 5-18）。多见于殷墟四期。

器形演变：铤部由长变短。

Cc 型，41 件。窄叶，截面呈菱形或近似菱形，分为二式。见于殷墟二、三、四期

Ⅰ式　30 件。后锋尖锐，铤部细长。侯 M1001：R5331[92]，镞身窄，铤较长，通长 6.41 厘米（图 6-19）。

Ⅱ式　11 件。镞身下折，与前锋形成三角形，铤部后端较细。郭家庄 M172：6[93]，前锋状近三角形，通长 5.7 厘米（图 6-20）。

器形演变：前锋下折成三角形，增加锋部面积，翼向内收缩，铤尾变尖。

Cd 型，1 件。镞身截面为三角形。侯 M1004：R14264[94]，残缺，铤部较宽，

通长 4.65 厘米（图 6-21）。

Ce 型，1 件。双翼后伸呈长条状。苗圃 GNT2 ④∶44[95]，镞身截面为椭圆形，铤部较长，通长 5.0 厘米（图 6-22）。

乙类，123 件。圆锥状镞，根据整体形态分为 A、B 二型。

A 型，115 件。镞身呈圆柱状，身与铤无明显分界。根据前锋形态分为 a、b 两个亚型。

Aa 型，90 件。前锋呈圆锥状，可分为二式。

Ⅰ式 50 件。前锋较钝。91 后冈 M12∶022[96]，通长 8.8 厘米（图 6-23）。多见于殷墟二、三期。

Ⅱ式 40 件。前锋锐利。西区 M121∶6[97]，通长 5.1 厘米（图 6-24）。多见于殷墟四期。

器形演变：前锋由钝变尖。

Ab 型，25 件。前锋圆钝。04 大司空 T0625 ④∶6[98]，铤部细长，通长 7.9 厘米、铤长 2.5 厘米（图 6-25）。

B 型，8 件。整体呈圆锥状，前端平齐。01 花东 M54∶391[99]，前端打磨光滑，后端粗糙，通长 5.56 厘米（图 6-26）。

从整体情况看，殷墟骨镞外形虽然较为多样，但数量最多的几种类型却保持着极为稳定的形态。如数量最多的甲 Ac 型从殷墟一期延续至殷墟三期，基本没有变化。少部分能看出演变迹象的骨镞，镞身和铤部的变化关系紧密：镞身变窄，则铤部变细；镞身变宽，则铤部变粗。总体上说，镞身变窄、铤部变细还是主流的演变形式。

形态稳定的情况不仅出现在骨镞上，而且也出现在铜镞上。究其原因，可能与镞类器物本身的性质有关——当它们能有效充当远射工具时，它们的形态可能在较长时间内保持稳定状态。将殷墟骨镞和铜镞进行对比，可以看出数量较少的甲 C 型骨镞与殷墟铜镞较为近似，过去就有学者将这一类骨镞称作"仿铜镞"，是合适的。

4. 装饰品类

（1）骨笄

据已发表资料统计，目前有 2131 件，其中 1269 件可辨器形。根据笄首形态，

图 6  殷墟骨镞主要型制
1. 97洹北花园庄T2③:42  2. 97洹北花园庄H2:79  3. 97洹北花园庄H12:43
4. 10~11刘家庄北M220:7  5. 侯M1002:R8575  6. 侯M1001:图版165-1  7. 西区M93:23
8. 小屯南组M232:R21581  9. 侯M1003:R8597:2  10. 98~99洹北花园庄H17:7
11. 苗圃PNT207③A:2  12. 小屯南组M232:R21582  13. 84苗北H14:3  14. 98~99洹北花园庄T4③:9
15. 侯M1001:R5336  16. 西区M122:4  17. 04大司空M5:9  18. 04大司空M412:31
19. 侯M1001:R5331  20. 郭家庄M172:6  21. 侯M1004:R14264  22. 苗圃GNT2④:44
23. 91后冈M12:022  24. 西区M121:6  25. 04大司空T0625④:6  26. 01花东M54:391

可分为甲、乙、丙、丁、戊、己六大类。

甲类，大约206件。镞首未经修饰，根据整体形态可分为A、B、C三大型。

A型，7件。镞首宽平，略呈亚腰状。97洹北花园庄G4:69[100]，镞身粗糙，通长11.8厘米、直径0.5厘米（图7-1）。见于中商时期至殷墟一期。

B型，183件。镞首较A型窄。98~99洹北花园庄M14:16[101]，磨制光滑，通长9.7厘米、直径0.5厘米（见图7-2）。延续时间长，中商时期至殷墟四期皆有。

C 型，5 件。笄首粗宽，未经整治。郭家庄 M160：247[102]，尖部残缺，上粗下细，黄褐色，笄身截面略呈梯形，残长 8.3 厘米、顶宽 1.4 厘米（图 7-3）。

乙类，418 件。笄首呈盖状顶，根据整体形态分为 A、B、C、D 四大型。

A 型，120 件。平顶，根据顶部形态分为 a、b 二亚型。

Aa 型，69 件。单层。82 苗北 T2③：3[103]，整体呈钉状，笄首呈盘状，通长 8.7 厘米（图 7-4）。延续时间长，见于中商时期至殷墟三期。

Ab 型，51 件。双层，即"干字形"。GT102③：2[104]，尖部圆钝，通长 11.7 厘米、直径 0.6 厘米（图 7-5）。多见于殷墟二、三期。

B 型，107 件。凸顶，根据顶部形态分为 a、b 二亚型。

Ba 型，3 件。单层。侯家庄 M1001：R4012[105]，顶盖如球形，顶面中突如菌顶形，表面磨光，上刻阴线涡纹，短圆柱茎杆。通长 1.76 厘米、盖径 1.84 厘米（图 7-6）。

Bb 型，104 件。双层。75 小屯 M5：130[106]，笄首呈双层圆盖状，上层椭圆微鼓，下层略呈圆形，笄杆细长，尖部锐利，通长 17.5 厘米、直径 0.5 厘米（图 7-7）。见于殷墟一至四期。

C 型，38 件。锥顶形。西区 M854：5[107]，细长条，圆锥形帽，尖部弯曲，通长 21.8 厘米（图 7-8）。见于殷墟一至四期。

D 型，153 件。插帽活杆形。笄帽与笄杆分别制成，笄帽多呈锥形顶，底部挖有圆孔，笄杆顶部有一横穿。KT4③A：10[108]，笄帽底部有圆孔，圆孔两侧有一对小洞，笄杆上端有一横穿（图 7-9）。该型骨笄出土时多帽身分离，多见于殷墟二、三、四期。

丙类，96 件。方形笄首。根据笄首形态分为 A、B 两大型。

A 型，93 件。方牌形。根据笄首装饰分为 a、b、c 三个亚型。

Aa 型，6 件。素面笄首。PNH239：2[109]，笄首呈梯形，笄杆呈圆锥形，通长 11.7 厘米、直径 0.6 厘米（图 7-10）。

Ab 型，84 件。笄首刻阴线。76 小屯 M5：114[110]，笄身磨光，头部略呈扁平梯形，下侧有对称小缺口，两面刻有阴线纹，笄杆细长，通长 13.4 厘米、头高 1.4 厘米、直径 0.4 厘米（图 7-11）。多数出于妇好墓。

Ac 型，3 件。镂空笄首。侯家庄 M1217：R586[111]，笄首呈梯形，有四穿，两边各钻二半圆孔，笄杆下端残缺，残长 11.01 厘米、直径 0.6 厘米（图 7-12）。

图7 甲、乙、丙类骨笄型式图
1. 97洹北花园庄G4：69  2. 98~99洹北花园庄M14：16  3. 郭家庄M160：247  4. 82苗北T2③：3
5. GT102③：2  6. 侯家庄M1001：R4012  7. 76小屯M5：130  8. 西区M854：5  9. KT4③A：10
10. PNH239：2  11. 76小屯M5：114  12. 侯家庄M1217：R586  13. 76小屯M5：37

B型，3件。四阿屋顶状。76小屯M5：37[112]，笄身磨光，笄首四面刻出浅框，镶嵌绿松石，笄杆细长，通长16.1厘米、直径0.4厘米（图7-13）。3件均出于妇好墓，另2件笄首为孔雀石制成。

丁类，522件。动物形，根据不同动物造型分为A、B、C、D、E五大型。

A型，406件。冠状鸟体形，根据鸟冠形态分为a、b、c三亚型。

Aa型，3件。叉状冠。98~99洹北花园庄东T3③：21[113]，笄首呈火炬状冠凤鸟，鸟身简化，下连笄杆，残长12.6厘米、直径0.5厘米（图8-1）。98~99洹北花园庄东T2④：9[114]，笄首凤鸟写实，高冠分叉，冠后下垂，鸟眼、嘴、翅形象生动，下连笄杆，残长6.8厘米、直径0.5厘米（图8-2）。84苗北H17：5[115]，笄首呈站凤鸟，高冠分叉，鸟嘴张开，有尾，下连笄杆，残长7.1厘米（图8-3）。

Ab型，399件。齿状冠。76小屯M5：111[116]，笄首呈凤鸟状，鸟头有齿状羽毛，嘴微张，眼、尾清晰可见，通长13.7厘米、直径0.5厘米（图8-4）。见于殷墟一、二、三期。

Ac型，4件。锥状冠。侯家庄M1217：R570[117]，笄身磨光，笄首呈锥状冠凤鸟形、鸟眼、嘴、翅、尾清晰可见，尾部上下分叉，鸟体下有一"王"字形横座，笄杆细长，残长21.8厘米、直径0.49厘米（图8-5）。

B型，55件。简化鸟体形，根据笄首形态分为a、b二亚型。

Ba型，52件。平首。GH202：15[118]，笄首近方形，两侧边缘刻有缺口，状似简化凤鸟，通长12.5厘米、直径0.7厘米（图8-6）。见于殷墟二、三、四期。

Bb型，3件。无首。76小屯M5：184[119]，尖喙圆眼，鸟身下有一梯形方座，尾残，尖部残，残长15.3厘米、直径0.6厘米（图8-7）。

C型，49件。夔形。76小屯M5：102[120]，夔做倒立形，张口露齿，臣字目，身、尾周边刻锯齿形棱，棱上钻有排列均匀圆孔，笄杆自夔口而出，通长22厘米、直径0.5厘米（图8-8）。绝大多数见于殷墟二期。

D型，11件。鸡冠形。PNT220③：6[121]，笄首宽平，耸如鸡冠，两侧边缘刻大小不等缺口，两面饰交错阴线纹，尖微残，残长10.6厘米、直径0.6厘米（图8-9）。

E型，1件。蝎形。侯家庄M1001：R4001[122]，笄首呈蝎子状，蝎头向前，两侧各伸出一钳绕于头顶，蝎尾延伸成笄杆，钳部饰云雷纹，蝎身饰网格纹，背面阳刻六爪，残长5.8厘米（图8-10）。

戊类，约24件。笄首呈几何形，根据形态不同分为A、B两大型。

A型，21件。羊字形。86~87花南H30：1[123]，平顶，顶端中部有一缺口，左右两侧有三对称缺口，似锯齿状，尖部残，残长9.9厘米、直径0.7厘米（图8-11）。

B型，2件。不规则形。侯家庄M1002：R578[124]，磨光，笄首呈六层塔状，最顶层呈倒置梯形状，残长6.91厘米、直径0.6厘米（图8-12）。侯家庄M1002：R15924，磨光，笄首顶端呈倒置梯形状，中间略鼓，通长3.6厘米、直径0.4厘米（图8-13）。

己类，4件。骨环笄杆组合类。SM116：1[125]，磨光，顶端扁薄，近首端套有两枚骨环，上下相对，通长19.5厘米（图8-14）。

从出土情况看，骨笄在墓葬和生活区的出土比例相当，这从侧面反映了殷人在生活中对骨笄是有需求的。然而对比生活区和墓葬出土的骨笄类型，可以清晰地看出对骨笄的使用亦有等级之分。以《殷墟发掘报告1958~1961》地层、灰坑内所出骨笄为例，发掘所得763件骨笄，可辨式别的有275件。这275件骨笄没有一件是上述夔形和冠状鸟形骨笄，占据较大比例的是甲类骨笄（即圆锥状）、乙

| 丁类 | | | | | | | | 戊类 | | 己类 |
|---|---|---|---|---|---|---|---|---|---|---|
| A型 | | | B型 | | C型 | D型 | E型 | A型 | B型 | |
| Aa型 | Ab型 | Ac型 | Ba型 | Bb型 | | | | | | |
| 1, 2, 3 | 4 | 5 | 6 | 7 | 8 | 9 | 10 | 11 | 12, 13 | 14 |

图8　丁、戊、己类骨笄型式图

1. 98~99洹北花园庄东T3③:21　2. 98~99洹北花园庄东T2④:9　3. 84苗北H17:5
4. 76小屯M5:111　5. 侯家庄M1217:R570　6. GH202:15　7. 76小屯M5:184　8. 76小屯M5:102
9. PNT220③:6　10. 侯家庄M1001:R4001　11. 86~87花南H30:1　12. 侯家庄M1002:R578
13. 侯家庄M1002:R15924　14. SM116:1

类D型插帽活杆形骨笄和丁类B型简化鸟体形骨笄，而殷墟殉人头上佩戴的正是基本来自这三种类型骨笄。由此可见，从实用性功能角度来说，骨笄可以用来束发，是一种有较大需求量的必需品；从象征性功能来看，制作精美的骨笄只出现在高等级贵族墓葬中，在一般生活区基本未见同类骨笄，因此它又是一种具有等级性的威望品。

装饰品类骨器还有骨珠、骨环、骨牌饰等，出土数量不多，这里从略。

5. 骨雕、乐器、杂类

殷墟还有少数骨制艺术品，如骨雕、乐器。骨雕主要有人、虎、蛙、鸟等形象，其中骨蛙数量最多，一共7件，妇好墓出土5件，05文源绿岛M5:37出土2

件。[126] 七件骨蛙均为圆雕，蛙眼内镶嵌绿松石[127]，形象生动逼真（图9-1、9-2）。骨人、骨虎各一件，均出土自妇好墓。骨人，黑色，椭长脸，左侧残损，大鼻长耳，张口圆眼，眼内镶嵌绿松石，残高2.4厘米[128]（图9-3）。骨虎，昂首竖耳，四肢前屈，长尾上卷，身体镶嵌绿松石，长5.2厘米、高2.2厘米[129]（图9-4）。乐器，仅发现一件骨埙，出自侯家庄M1001，深棕色，形状、结构如陶埙，体腔中空，

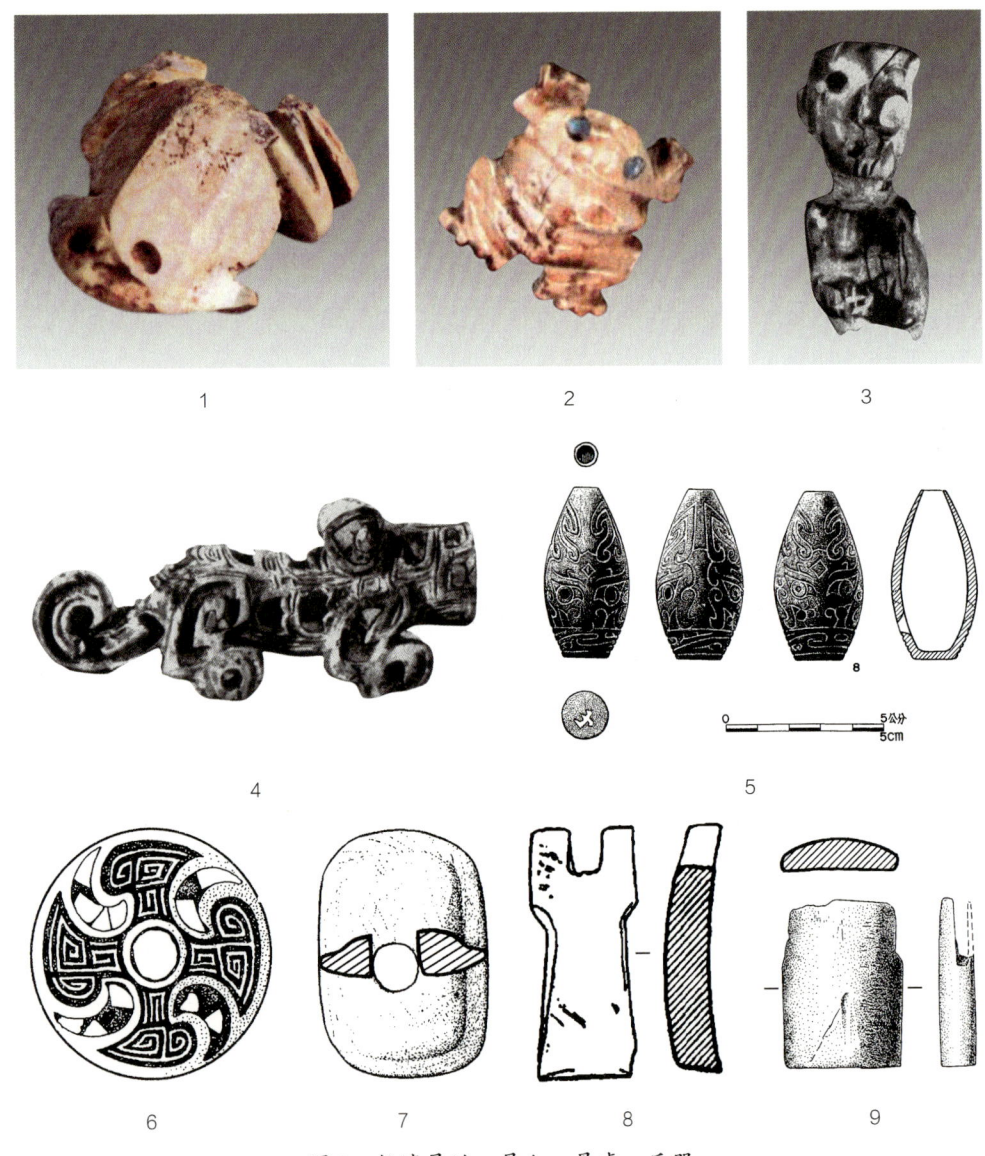

图9 殷墟骨蛙、骨人、骨虎、乐器
1. 05文源绿岛M5：37  2. 76小屯M5：81  3. 76小屯M5：1575
4. 76小屯M5：49  5. 侯家庄M1001：R11005  6. 侯家庄M1001：R4017
7. 侯家庄M1001：R4019  8. 84西区M1713：59  9. 侯家庄M1001：R7549

上端有一吹孔，体一面两孔，一面三孔，体表刻臣字目兽面纹，额间有菱纹，底部中心刻有"右"字，通长5.3厘米、腹最大径2.8厘米[130]（图9-5）。

除此之外，殷墟还有包括骨泡、骨凹形器[131]在内的数量不多、用途不明的骨器。从大小、形制来看，这类骨器应该是某类器物的附件。以骨泡为例，相当一部分都雕刻涡纹、镶嵌绿松石，花东M54的发掘者即推测该墓所出骨泡可能是木器或漆器的镶嵌物。[132]

（二）角器

角器发现较少，基本都是鹿角制成。器类、形制多与骨器相似，但也有较为独特的器类，如挂钩、钮柄、棒槌形器和铃舌等。挂钩和钮柄可能也是某种器物的构件，多出自侯家庄M1001，可惜已严重残损。棒槌形器用途不明，M1001出土的一件一端刻有"亚雀"二字，阴文，"雀"字半残损。

（三）牙器

主要是兽牙器和象牙器。兽牙器主要是猪牙制成的嵌片，总数在1000片以上，形状各异，有狭长条形、角形、长方形、圆形等，一般用以镶嵌漆木器、车马器以及甲胄等，厚度在0.2~0.75厘米。[133]

象牙器多出自大中型墓，以王陵大墓出土最多，器形有鸮尊、盉形器、杯、筓、梳、筒、底座、柄形器、嵌片、钮、牙雕等。但多已残损严重，少数经过复原，可知原器物制作之精美、工艺之繁复。以下以鸮尊和象牙杯为例，作一简要介绍。

鸮尊，1件，出土于侯家庄M1003∶3∶3968。作站立状，垂尾，颈为器口，腹两侧有贯耳。器身雕蛇形纹，镶嵌绿松石，器口最长约8.5厘米（图10-1）。[134]

象牙杯，3件，出土于妇好墓。经复原后，器形较为完整。76M5∶99，带流虎鋬杯，杯身略呈筒形，上端有流，利用象牙根端制成。通体雕刻精细花纹，主纹浮于底纹上，纹饰主要有鸟纹、夔纹、兽面纹、三角纹和云雷纹，杯鋬上端雕成兽面形，下端为一立体的虎，头微昂，四肢前屈，呈行走状。杯身高42厘米、流长13厘米（图10-2）。[135]

另两件为夔鋬杯（76M5∶100、76M5∶101），成对，杯身似觚，侈口薄唇，中腰微束。通体雕刻花纹四段，有兽面纹、夔纹和大三角纹，兽面纹的眼、眉、鼻都镶嵌绿松石，各段花纹之间用一周或三周绿松石带隔开。鋬作夔形，上端两面雕鸟形，背面中段雕一兽面和一突起的兽头，并在相应部分镶嵌绿松石，杯身

图 10　殷墟象牙鸮尊、带流虎鋬杯、夔鋬杯
1. 侯家庄M1003:3:3968　2. 76M5:99　3. 76M5:101

高分别为 30.5 厘米和 30.3 厘米（图 10-3）。[136]

（四）蚌器（附贝）[137]

殷墟出土的蚌器大致可分为实用器和非实用器，总数在数百件左右。以下择其主要进行介绍。

实用器可分为生产工具和用具，种类包括刀、镰、铲、镢、锯、颜料器和纺轮等。多出自于生活区，极少出现在墓葬中。蚌镰的出土数量多于石镰，在制作上也比石镰简单，应该是当时主要的收割工具。镢目前发现有两件，一件（小屯北地 F10:2）呈长条三角形，前端微翘，后端有圆銎，可安柄。长 3.4 厘米，这可能是一件仿铜镢的蚌制品（图 11-1）。[138]

非实用器包括可能作为"弄器"的戈和镞以及装饰品。蚌戈，小屯北地 F10:3，直内有胡，前锋稍残，柄作棍状，下端呈锥形，柄长 7.7 厘米（图 11-2）。[139] 装饰品类包括鱼、蛙、兽、贝等形象和柄形饰、蚌泡、葵形蚌饰等。从形制和出土情况看，这些蚌制装饰品一般用以镶嵌器物和佩戴。

附：贝

殷墟发现的贝主要有三种，包括货贝（包括其幼体）、大贝和阿拉伯绶贝。其中货贝数量极多，剩余两种较少见。此外还有海螺、文蛤、蛤蜊壳等。

货贝表面呈瓷白色或淡黄色，背部多钻有一孔，可能用来穿系。货贝大量出

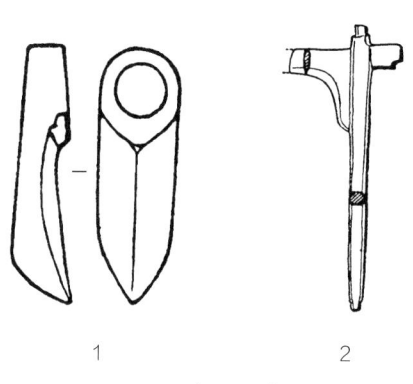

图 11　蚌镬、蚌戈
1. 小屯北地F10:2　2. 小屯北地F10:3

土于墓葬中，少数车马坑和祭祀坑也有出土，生活区则极少见。随葬货贝的墓葬又可分为大量随葬和少量随葬两种情况，前者如妇好墓共出土贝6880多枚，[137]后者则多出自小型墓，或置于口中作为"琀"，或置于口中和握于手中，或置于口中和放在足端。殷墟甲骨文、金文中有"赐贝"、"赏贝"的记载，有学者认为贝应是当时的货币。据此可知，墓葬中随葬贝的多寡应该是地位和财富的差别所致。除了货币功能外，贝应该也是装饰品，后冈圆祭坑就有成串的贝佩戴在殉人身上。殉人应该是未经历丧葬仪式而直接杀殉的，能反映正常生活的状态。另外，车马坑中的贝应该是作为车马装饰品而被埋葬的。

据鉴定，货贝分布在中国台湾、海南、西沙以及阿曼湾、南非的阿果湾等地。可见，殷墟的货贝应该都是从东南和南方沿海一带输入的。

## 四　结语

由上可知，殷墟的甲骨及骨角牙器的发现、出土可以科学考古发掘为标准分为两大阶段。在近120年的时间内，殷墟出土了大量的甲骨及骨角牙器。甲骨对于复原晚商乃至整个商代的整体面貌的重要性毋庸多言，成果亦丰富突出。而殷墟骨角牙器及制骨遗存的研究却长期被忽视，只有极少的成果，整体来说亦不够深入。从考古发掘来看，骨角牙器是先民日常生活不可缺少的器物，因此，它们背后所蕴藏的社会意义是不容忽视的。我们希望通过对殷墟骨角牙制器物的初步论述，能对殷墟骨角牙器的研究起到抛砖引玉的作用。

**注释：**

［1］马萧林：《关于中国骨器研究的几个问题》，《华夏考古》2010年第2期。

［2］李学勤：《青铜器入门》，紫禁城出版社，2013。

［3］龟灵崇拜目前最早发现于裴李岗文化贾湖类型贾湖遗址，卜骨目前最早发现于马家窑文化石岭下类型傅家门遗址。见中国社会科学院考古研究所编《中国考古学·新石器时代卷》第139页、第328页，中国社会科学出版社，2010。

［4］关于物质的两重属性，参见Jacques Maquet, Object as Instruments, Object as Signs, in Steven Lubar and W.David Kingery, eds, History from Things:Essays on Material Culture, pp.30~40, Washington: the Smithsonian Institution, 1993.

［5］陈梦家：《殷墟卜辞综述》第3页，中华书局，1988。

［6］关于殷墟甲骨文发现的情况还可参考：王宇信、杨升南主编《甲骨学一百年》，社会科学文献出版社，1999年；宋镇豪、刘源：《甲骨学殷商史研究》，福建人民出版社，2006。

［7］陈梦家：《殷墟卜辞综述》第3页，中华书局，1988。

［8］宋镇豪、刘源：《甲骨学殷商史研究》第27页，福建人民出版社，2006。

［9］陈梦家：《殷墟卜辞综述》第650页，中华书局，1988。

［10］宋镇豪、刘源：《甲骨学殷商史研究》第28~32页，福建人民出版社，2006。

［11］陈洪波：《中国科学考古学的兴起——1928~1949年历史语言研究所考古史》，广西师范大学出版社，2011。

［12］宋镇豪、刘源：《甲骨学殷商史研究》第52~59页，福建人民出版社，2006。

［13］罗振玉：《罗雪堂先生全集续编》（第六册），台湾大通书局，1968~1977。

［14］内田纯子：《殷墟西北冈1001号大墓出土雕花骨器的研究》，《中央研究院历史语言研究所集刊》第八十四本第四分，2013。

［15］梁思永、高去寻：a.《侯家庄·第二本·1001号大墓》（上下册），中央研究院历史语言研究所，1962；b.《侯家庄·第三本·第1002号大墓》，1965；c.《侯家庄·第四本·第1003号大墓》，1967；d.《侯家庄·第五本·第1004号大墓》，1970。

［16］a. 梁思永、高去寻：《侯家庄·第六本·第1217号大墓》，中央研究院历史语言研究所，1968；《侯家庄·第七本·第1500号大墓》，1974；《侯家庄·第八本·第1550号大墓》，1976；b. 梁思永、高去寻、石璋如、刘秀文：《侯家庄·第九本·M1129、M1400、M1443大墓》，1996。

［17］中国社会科学院考古研究所：《殷墟发掘报告（1958~1961）》，文物出版社，1987。

［18］中国社会科学院考古研究所：《殷墟妇好墓》，文物出版社，1980。

［19］a. 中国社会科学院考古研究所：《安阳小屯》，世界图书出版公司，2004；b. 中国社会科学院考古研究所安阳工作队：《安阳小屯村北的两座殷代墓》，《考古学报》1981年第4期。

［20］中国社会科学院考古研究所安阳工作队：《安阳侯家庄北地一号墓发掘简报》，《考古学集刊》第2集，中国社会科学出版社，1981。

［21］中国社会科学院考古研究所安阳工作队：《殷墟259、260号墓发掘报告》，《考古学报》1987年第1期。

［22］中国社会科学院考古研究所：《安阳大司空——2004年发掘报告》，文物出版社，2014。

［23］李志鹏、何毓灵、江雨德：《殷墟晚商制骨作坊与制骨手工业的研究回顾与再探讨》，《三代考古》（四），科学出版社，2011。

[24] 中国社会科学院考古研究所安阳工作队:《河南安阳市铁三路殷墟文化时期制骨作坊遗址》,《考古》2015年第8期。
[25] 王宇信:《中国甲骨学》,上海人民出版社,2009。
[26] 相关讨论可参考马萧林:《关于中国骨器研究的几个问题》,《华夏考古》2010年第2期。
[27] 梅原末治:《河南安阳发见の遗物》,《东方学报》(7),1936。
[28] Max Loehr, The Bronze Styles of the Anyang Period, Archives of the Chinese Art Society of America, pp.42~53, 1953(7).
[29] 李济:a.《笄形八类及其纹饰之演变》,《中央研究院历史语言研究所集刊》第三十本,1959;收入氏著《李济文集》(卷三),上海人民出版社,2006,第376~438页;b. Anyang, University of Washington Press, 1978. 中译本见《安阳》,李光谟译,河北教育出版社,2000。
[30] 吕承瑞:a.《殷墟骨柶的研究》,台湾大学考古人类学系研究所硕士学位论文,1965;b.《殷墟骨柶形制之分类》,《台湾大学考古人类学刊》,1965年第25、26期。
[31] 陈仲玉:a.《殷代骨器中的龙形图案之分析》,《中研院历史语言研究所集刊》第四十一本第三分,1969;b.《殷墟骨柶上的装饰艺术》,《中研院历史语言研究所集刊》第六十六本第三分,1995。
[32] 中国社会科学院考古研究所:《殷墟的发现与研究》,科学出版社,1994。
[33] 徐良高:《略论中国古代骨角牙蚌器》,《文博》1994年第1期。
[34] 难波(内田)纯子:a.《殷墟出土のいわゆる骨柶について》(上)、(下),《古代文化》47.9:25-35;47.12:40-42;b.《殷墟西北冈1001号大墓出土雕花骨器的研究》,《中央研究院历史语言研究所集刊》第八十四本第四分,2013。
[35] Wang Yin, Rank and Gender in Bone Art at the Late Shang Center at Anyang(China), PhD Thesis, University of Pittsburgh, 2000.
[36] 孟宪武、谢世平:《殷商制骨》,《殷都学刊》2006年第3期。
[37] 李志鹏、何毓灵、江雨德:《殷墟晚商制骨作坊与制骨手工业的研究回顾与再探讨》,《三代考古》(四),科学出版社,2011。
[38] 陈翔:《殷墟出土骨器类型及功能初探》,陕西师范大学硕士学位论文,2016。
[39] 分类参考中国社会科学院考古研究所《殷墟的发现与研究》,科学出版社,1994。
[40] 中国社会科学院考古研究所:《殷墟妇好墓》第205~206页,文物出版社,1980。
[41] 中国社会科学院考古研究所:《安阳殷墟花园庄东地商代墓葬》第217页,科学出版社,2007。
[42] 中国社会科学院考古研究所:《殷墟发掘报告(1958~1961)》第182页,文物出版社,1987。
[43] 中国社会科学院考古研究所:《殷墟发掘报告(1958~1961)》第182页,文物出版社,1987。
[44] 中国社会科学院考古研究所:《殷墟发掘报告(1958~1961)》第182页,文物出版社,1987。
[45] 中国社会科学院考古研究所:《殷墟发掘报告(1958~1961)》第182页,文物出版社,1987。
[46] 中国社会科学院考古研究所:《殷墟发掘报告(1958~1961)》第183页,文物出版社,1987。
[47] 中国社会科学院考古研究所:《殷墟发掘报告(1958~1961)》第183页,文物出版社,1987。

[48] 中国社会科学院考古研究所：《殷墟发掘报告（1958~1961）》第183页，文物出版社，1987。

[49] 中国社会科学院考古研究所：《殷墟发掘报告（1958~1961）》第183页，文物出版社，1987。

[50] 中国社会科学院考古研究所安阳工作队：《河南安阳市殷墟小屯西地商代大墓发掘简报》，《考古》2009年第9期。

[51] 中国社会科学院考古研究所安阳工作队：《1986~1987年安阳花园庄南地发掘报告》，《考古学报》1992年第1期。

[52] 中国社会科学院考古研究所：《安阳大司空——2004年发掘报告》第191~192页，文物出版社，2014。

[53] 中国社会科学院考古研究所：《殷墟发掘报告（1958~1961）》，第186页，文物出版社，1987。

[54] 中国社会科学院考古研究所安阳工作队：《1969~1977年殷墟西区墓葬发掘报告》，《考古学报》1979年第1期。

[55] 中国社会科学院考古研究所安阳工作队：《河南安阳市殷墟小屯西地商代大墓发掘简报》，《考古》2009年第9期。

[56] 中国社会科学院考古研究所安阳工作队：《1969~1977年殷墟西区墓葬发掘报告》，《考古学报》1979年第1期。

[57] 中国社会科学院考古研究所：《殷墟发掘报告（1958~1961）》，第184页，文物出版社，1987。

[58] 中国社会科学院考古研究所安阳工作队：《1982~1984安阳苗圃北地殷代遗址的发掘》，《考古学报》1991年第1期。

[59] 梁思永、高去寻：《侯家庄·第二本·1001号大墓》（上册）第261~262页，图版壹玖玖，1，中央研究院历史语言研究所，1962。

[60] 梁思永、高去寻：《侯家庄·第二本·1001号大墓》（上册）第269页，图版贰零陆，2，中央研究院历史语言研究所，1962。

[61] a. 中国社会科学院考古研究所：《殷墟妇好墓》第206页，文物出版社，1980；b. 中国社会科学院考古研究所：《殷墟的发现与研究》图二五〇，1，科学出版社，1994。

[62] 中国社会科学院考古研究所：《殷墟的发现与研究》第387页，科学出版社，1994。

[63] 中国社会科学院考古研究所：《殷墟的发现与研究》第387页，图二四八，4、5，科学出版社，1994。

[64] 中国社会科学院考古研究所：《1969~1977年殷墟西区墓葬发掘报告》，《考古学报》1979年第1期。

[65] 相关讨论可参考黄铭崇《弓末器及相关问题》，《故宫学术季刊》第二十卷第四期，2003。

[66] 侯家庄M1567（即"假大墓"）出土443件骨匕，但该墓材料尚未发表，因此未纳入本文统计。M1567骨匕出土情况，见陈仲玉《殷墟骨柶上的装饰艺术》，《中央研究院历史语言研究所集刊》第六十六本，1995。

[67] 中国社会科学院考古研究所：《殷墟妇好墓》第206~207页，文物出版社，1987。

[68] 中国社会科学院考古研究所：《殷墟发掘报告（1958~1961）》第186页，文物出版社，1987。

[69] 梁思永、高去寻：《侯家庄·第二本·1001号大墓》第283~285页，中央研究院历史语言研究所，1962。

［70］梁思永、高去寻:《侯家庄·第二本·1001号大墓》第293页，图版贰壹捌，2 中央研究院历史语言研究所，1962。

［71］刘忠伏、孔德铭:《安阳殷墟殷代大墓及车马坑》，《2005中国重要考古发现》第59~60页，文物出版社，2006。此件骨匕已收入本书。

［72］相关情况参见《甲骨文殷商史研究》第12~13页，福建人民出版社，2006。

［73］陈仲玉:《殷墟骨柶上的装饰艺术》，《中央研究院历史语言研究所集刊》第六十六本，1995。

［74］中国社会科学院考古研究所安阳工作队:《河南安阳市洹北花园庄遗址1997年发掘简报》，《考古》1998年第10期。

［75］中国社会科学院考古研究所安阳工作队:《河南安阳市洹北花园庄遗址1997年发掘简报》，《考古》1998年第10期。

［76］中国社会科学院考古研究所安阳工作队:《河南安阳市洹北花园庄遗址1997年发掘简报》，《考古》1998年第10期。

［77］中国社会科学院考古研究所安阳工作队:《河南安阳市殷墟刘家庄北地2010~2011年发掘简报》，《考古》2012年第12期。

［78］梁思永、高去寻:《侯家庄·第三本·1002号大墓》第78页，图版伍贰，4，中央研究院历史语言研究所，1965。

［79］梁思永、高去寻:《侯家庄·第二本·1001号大墓》，中央研究院历史语言研究所，1962。

［80］中国社会科学院考古研究所安阳工作队:《1969~1977年殷墟西区墓葬发掘报告》，《考古学报》1979年第1期。

［81］石璋如:《小屯·殷墟墓葬之三·南组墓葬附北组墓葬补遗》第62页，中央研究院历史语言研究所，1973。

［82］梁思永、高去寻:《侯家庄·第四本·1003号大墓》，中央研究院历史语言研究所，1967。

［83］中国社会科学院考古研究所安阳工作队:《1998~1999年安阳洹北商城花园庄东地发掘报告》，《考古学集刊》第15集，文物出版社，2004。

［84］中国社会科学院考古研究所:《殷墟发掘报告1958~1961》，文物出版社，1987。

［85］石璋如:《小屯·殷墟墓葬之三·南组墓葬附北组墓葬补遗》第63页，中央研究院历史语言研究所，1973。

［86］中国社会科学院考古研究所安阳工作队:《1984年秋安阳苗圃北地殷墓发掘简报》，《考古》1989年第2期。

［87］中国社会科学院考古研究所安阳工作队:《1998~1999年安阳洹北商城花园庄东地发掘报告》，《考古学集刊》第15集，文物出版社，2004。

［88］梁思永、高去寻:《侯家庄·第二本·1001号大墓》第209页，中央研究院历史语言研究所，1962。

［89］中国社会科学院考古研究所安阳工作队:《1969~1977年殷墟西区墓葬发掘报告》，《考古学报》1979年第1期。

［90］中国社会科学院考古研究所:《安阳大司空——2004年发掘报告》第387页，文物出版社，2014。

［91］中国社会科学院考古研究所:《安阳大司空——2004年发掘报告》第387页，文物出版社，2014。

［92］梁思永、高去寻:《侯家庄·第二本·1001号大墓》第208页，中央研究院历史语言

［93］中国社会科学院考古研究所：《安阳殷墟郭家庄商代墓葬》第64页，中国大百科全书出版社，1998。

［94］梁思永、高去寻：《侯家庄·第五本·1004号大墓》第107页，中央研究院历史语言研究所，1973。

［95］中国社会科学院考古研究所：《殷墟发掘报告（1958~1961）》第186~187页，文物出版社，1987。

［96］中国社会科学院考古研究所安阳工作队：《1991年安阳后冈殷墓的发掘》，《考古》1993年第10期。

［97］中国社会科学院考古研究所安阳工作队：《1969~1977年殷墟西区墓葬发掘报告》，《考古学报》1979年第1期。

［98］中国社会科学院考古研究所：《安阳大司空——2004年发掘报告》第387页，文物出版社，2014。

［99］中国社会科学院考古研究所：《安阳殷墟花园庄东地商代墓葬》第216~217页，科学出版社，2007。

［100］中国社会科学院考古研究所安阳工作队：《河南安阳市洹北花园庄遗址1997年发掘简报》，《考古》1998年第10期。

［101］中国社会科学院考古研究所安阳工作队：《1998~1999年安阳洹北商城花园庄东地发掘报告》，《考古学集刊》第15集，文物出版社，2004。

［102］中国社会科学院考古研究所：《安阳殷墟郭家庄商代墓葬》第123页，中国大百科全书出版社，1998。

［103］中国社会科学院考古研究所安阳工作队：《1982~1984安阳苗圃北地殷代遗址的发掘》，《考古学报》1991年第1期。

［104］中国社会科学院考古研究所：《殷墟发掘报告（1958~1961）》第189~190页，文物出版社，1987。

［105］梁思永、高去寻：《侯家庄·第二本·1001号大墓》第228页，中央研究院历史语言研究所，1962。

［106］中国社会科学院考古研究所：《殷墟妇好墓》第210~214页，文物出版社，1980。

［107］中国社会科学院考古研究所安阳工作队：《1969~1977年殷墟西区墓葬发掘报告》，《考古学报》1979年第1期。

［108］中国社会科学院考古研究所：《殷墟发掘报告（1958~1961）》第189页，文物出版社，1987。

［109］中国社会科学院考古研究所：《殷墟发掘报告（1958~1961）》第189~191页，文物出版社，1987。

［110］中国社会科学院考古研究所：《殷墟妇好墓》第212~213页，文物出版社，1980。

［111］梁思永、高去寻：《侯家庄·第六本·1217号大墓》第86页，中央研究院历史语言研究所，1968。

［112］中国社会科学院考古研究所：《殷墟妇好墓》第212页，文物出版社，1980。

［113］中国社会科学院考古研究所安阳工作队：《1998~1999年安阳洹北商城花园庄东地发掘报告》，《考古学集刊》第15集，文物出版社，2004。

［114］中国社会科学院考古研究所安阳工作队：《1998~1999年安阳洹北商城花园庄东地发掘报告》《考古学集刊》第15集，文物出版社，2004。

［115］中国社会科学院考古研究所安阳工作队：《1982~1984安阳苗圃北地殷代遗址的发

掘》，《考古学报》1991年第1期。
［116］中国社会科学院考古研究所：《殷墟妇好墓》第210页，文物出版社，1980。
［117］梁思永、高去寻：《侯家庄·第六本·第1217号大墓》第87页，中央研究院历史语言研究所，1968。
［118］中国社会科学院考古研究所：《殷墟发掘报告（1958~1961）》第189页，文物出版社，1987。
［119］中国社会科学院考古研究所：《殷墟妇好墓》第210页，文物出版社，1980。
［120］中国社会科学院考古研究所：《殷墟妇好墓》第210页，文物出版社，1980。
［121］中国社会科学院考古研究所：《殷墟发掘报告（1958~1961）》第191页，文物出版社，1987。
［122］梁思永、高去寻：《侯家庄·第二本·1001号大墓》第234页，中央研究院历史语言研究所，1962。
［123］中国社会科学院考古研究所安阳工作队：《1986~1987年安阳花园庄南地发掘报告》，《考古学报》1992年第1期。
［124］梁思永、高去寻：《侯家庄·第三本·1002号大墓》第90页，中央研究院历史语言研究所，1965。
［125］中国社会科学院考古研究所：《殷墟发掘报告（1958~1961）》第257页，文物出版社，1987。
［126］安阳市文物考古研究所：《安阳殷墟徐家桥郭家庄商代墓葬——2004~2008年殷墟考古报告》第58页，科学出版社，2011。
［127］文源绿岛M5两件绿松石脱落。
［128］中国社会科学院考古研究所：《殷墟妇好墓》第214页，文物出版社，1980。
［129］中国社会科学院考古研究所：《殷墟妇好墓》第214页，文物出版社，1980。
［130］梁思永、高去寻：《侯家庄·第二本·1001号大墓》第222页，中央研究院历史语言研究所，1962。
［131］骨凹形器在以往的考古报告、简报中，多称为"骨卡子"、"骨扳子"，有少数简报称之为"骨凹形器"，我们认为这个名称较为合适。
［132］中国社会科学院考古研究所：《安阳殷墟花园庄东地商代墓葬》第93页，科学出版社，2007。
［133］中国社会科学院考古研究所：《殷墟的发现与研究》第398页，科学出版社，1994。
［134］梁思永、高去寻：《侯家庄·第四本·1003号大墓》第97页，图版柒肆，3，中央研究院历史语言研究所，1967。
［135］中国社会科学院考古研究所：《殷墟妇好墓》第217页，文物出版社，1980。
［136］a. 中国社会科学院考古研究所：《殷墟妇好墓》第215~217页，文物出版社，1980；
b. 中国社会科学院考古研究所：《殷墟的发现与研究》第396~397页，科学出版社，2007。
［137］中国社会科学院考古研究所：《殷墟的发现与研究》第398~403页，科学出版社，1994。
［138］中国社会科学院考古研究所安阳发掘队：《1975年安阳殷墟的新发现》，《考古》1976年第4期。
［139］中国社会科学院考古研究所安阳发掘队：《1975年安阳殷墟的新发现》，《考古》1976年第4期。
［140］中国社会科学院考古研究所：《殷墟妇好墓》第220页，文物出版社，1980。

# 骨 器

**工具类**

**骨刻刀**

1976年出自宫殿宗庙区妇好墓中
编号 1976AXTM5：21
柄端两面刻成凤鸟状，高冠勾喙，以圆孔为眼，短翅平展，宽尾下垂，四爪作站立状。爪下伸出刀身，刃部两面磨成。
长8.7厘米。

## 骨刻刀

1976年出自宫殿宗庙区妇好墓中
编号 1976AXTM5：22
柄端两面刻成穿山甲形，口微张，以圆孔为眼，尖耳长吻，两肢前伸，长尾后伸，以尾为刀身，两面磨刃。
长 8.6 厘米。

**骨刻刀**

1976年出自宫殿宗庙区妇好墓中
编号 1976AXTM5：96
柄端刻成龟形，张口圆眼，四足外伸。背刻蟠龙纹，腹刻涡纹。颌上有圆孔，与口相通。龟尾后伸，与刀身合为一体，上刻三角纹。
长 7.8 厘米。

**骨刻刀**

2009年出自王裕口南地发掘区灰坑中
编号 2009ATYH147②A：141
上窄下宽，刀首呈圆锥状，刀身呈扁条状，斜刃。
残长 12.5 厘米、刃宽 2.7 厘米。

**骨锥**

1973年出自殷墟宫殿宗庙发掘区灰坑中
编号 1973ASTH82：2
整体呈扁圆形，两端上翘、较锐利。通体磨光。
残长 11.5 厘米。

**骨锥**

2003年出自孝民屯南地殷墟文化四期晚段墓葬中
编号 2003AXSM423：2
残。顶端宽，尖端呈三棱形，截面近三角形。通体打磨。
长 8 厘米、顶宽 1.2 厘米、厚 0.7 厘米。

## 骨器

**骨锥，三件**

1972年出自宫殿宗庙发掘区殷墟文化地层中
编号 1972ASTT33⑦：13
扁状，上宽下窄，尖部锐利。
长8.9厘米；
长10厘米；
长12.8厘米。

**骨锥**

2009年出自王裕口南地发掘区墓葬中
编号2009ATYM17:7
钉状，方头锥首，顶端圆凸，锥身较粗，呈圆锥状。
此种骨锥形制粗厚，锥首利于敲打，在墓葬中一般作固定棺板用。
修复后长9.2厘米。

**骨铲**

1972年出自殷墟宫殿宗庙发掘区殷墟文化层中
编号 1972ASTT34 ⑦ C：7
牛下颌骨制成，中穿一圆孔，单刃。
通长 10.5 厘米、刃宽 7.3 厘米。

**骨铲**

1972年出自殷墟宫殿宗庙发掘区殷墟文化层中
1972ASTT34 ⑦ C：16
与前一件骨铲形制相似，亦为牛下颌骨制成。
通长 11.5 厘米、刃宽 7.5 厘米。

## 用具类

### 骨豆

现藏台北"中央研究院"历史语言研究所

1934~1935年出自侯家庄王陵区1001号大墓

编号 HPKM1001：R007538

表面粗糙,有漆皮残存。平折沿,浅盘,沿下有数道凹弦纹,足底有一小圆孔。

盘径11.5厘米、高4.5厘米、足径8.1厘米。

### 骨器盖

现藏台北"中央研究院"历史语言研究所

1929年出自宫殿宗庙区"大连坑"中

编号 SYPY13TL：R000677

应是方形器盖的一部分,最长边斜出扉棱,盖面饰兽面纹,以雷纹填地,背面光滑无纹。

长9.5厘米、宽10厘米、厚1.7厘米。

73
——
骨器

**骨觚形器（三面）**

现藏台北"中央研究院"历史语言研究所
1934~1935年出自侯家庄王陵区1001号大墓
编号 HPKM1001：R018297
系用大型哺乳动物肢骨制成。上端残缺，下端完整，上口大于下口。器身布满花纹，以三组凹弦纹为界将器物分为三段，皆以兽面纹为主纹，以雷纹填地。中段兽面纹呈倒三角形，其下有一组纹饰带，以变形夔纹为主纹，雷纹为地纹。
长28.2厘米、底径11.7厘米、厚0.3~0.8厘米。重814.9克。

## 骨梳

1976 年出自殷墟宫殿宗庙区妇好墓
编号 1976AXTM5∶325
梳身呈方形，两侧有对称锯齿状扉棱。梳顶雕一高冠小鸟，以圆孔为眼，鸟身稍残。两面皆刻兽面纹，而略有差别，下刻三角形纹。梳齿皆折，从残留痕迹看，应有十四根齿。
高 5.5 厘米、宽 4.1 厘米。

## 骨勺

1964 年出自纱厂南 3 号灰坑
编号 1964ASNH3∶9
柄部上端已残，勺部较阔。
残长 10.5 厘米。

## 骨勺

1976 年出自殷墟宫殿宗庙区妇好墓中
编号 1976AXTM5∶323
柄部细长，两端上翘。
柄端刻兽面纹，勺部上方亦刻兽面纹，二兽面相对。
长 14.8 厘米。

**鱼形骨觽**

2003年出自孝民屯南地殷墟文化四期早段墓葬中
编号 2003AXSM735：13
扁长体，弧背、直腹、平直吻、长尾。
由嘴至鳃底钻一圆形穿孔，阴线刻出眼、鳃、鳍。
通长11.7厘米、宽2厘米、厚1.2厘米。

**鱼形骨觽**

2003年出自孝民屯南地殷墟文化三期墓葬中
编号 2003AXSM736：3
形制、纹饰皆与前一件骨觽相似。
通长14厘米、宽2.4厘米、厚1.3厘米。

**虎形骨觽**

现藏安阳博物馆
馆藏编号 A02809
觽为解扣工具，亦可作为饰品随身佩戴。此件骨觽上端为浅浮雕伏卧状虎形，张口露齿，方眼短角，长身直尾，四肢前屈，极具匠心。
长7.6厘米、高1.1厘米、厚1.15厘米。

## 骨匕

2004年出自大司空发掘区殷墟时期夯土房基垫土内
编号 2004ASF43 垫土：3
平顶，素面。宽弧刃，上端有一圆孔，表面光滑。
长 19.7 厘米、宽 2.0 厘米。

## 骨匕

2004年出自大司空发掘区殷墟时期灰坑中
编号 2004ASH133③：3
素面，宽条状。一端残，一端宽弧，通体磨光。
长 10.2 厘米、最宽 3.0 厘米。

## 骨匕

2009年出自王裕口南发掘区殷墟时期灰坑中

编号 2009ATYH364②：35

残。素面，扁条状。上窄下宽，整体呈束腰状。刃部平直、与匕身结合处呈圆角状。通体磨光，剥蚀严重。

残长16.1厘米。

## 雕花骨匕（正反面）

现藏台北"中央研究院"历史语言研究所

1934~1935年出自侯家庄王陵区1001号大墓

编号 HPKM1001：R004397

通体雕刻纹饰，两面纹饰不同，一面雕刻蟠龙纹等，一面雕刻夔龙纹等。

此类通体雕刻纹饰的骨匕多出自王室成员墓葬，同一纹饰母题下又有诸多变体，同一器物上基本不见完全相同纹饰。

长5.9厘米、宽3.4厘米、厚0.4厘米。重43.2克。

## 雕花骨匕

1973年出自大司空发掘区殷墟时期墓葬中

编号不详

上窄下宽,平顶弧刃,整体呈束腰形。

两面雕纹,纹饰施于骨匕上半部分,系三段式,上段刻臣字目夔龙纹、云雷纹等,中段刻简化夔龙纹,下端刻倒三角形纹。通体磨光,制作精美。

修复后长24.3厘米。

## 雕花骨匕

1976年出自宫殿宗庙区妇好墓中

编号 1976AXTM5:63

整体外形和雕纹方式与1973AS骨匕近似。

顶端有一圆孔,上段刻一夔龙纹,方眼长角,向顶端张口,中段为云雷纹,下段为倒三角形纹。

长9.1厘米、刃宽1.5厘米。

## 雕花骨匕

现藏安阳博物馆
馆藏编号 A02810
体呈扁平长条形，略有弧度。
正面残存三组阴刻兽面纹，臣字眼、方鼻、卷眉、钩角。凹槽内填有绿松石，多数已脱落。背面饰阴线饕餮纹。
残长 18.2 厘米、宽 2.9 厘米、厚 0.4 厘米。

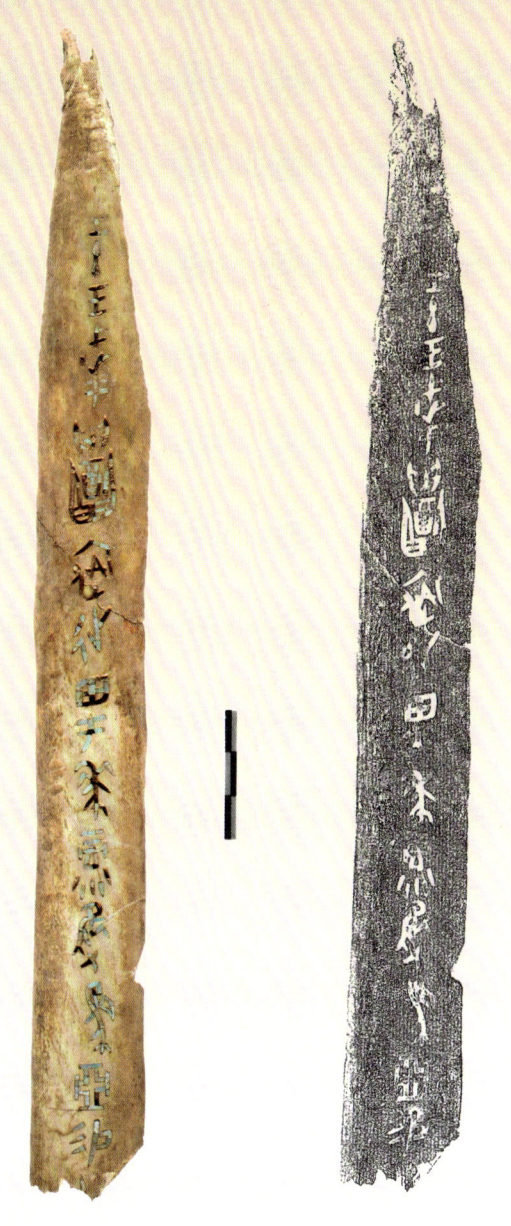

## 刻辞骨匕（照片与拓片）

2005年出自安阳钢铁公司二炼厂区M11大墓中

编号05AGM11：1

两端皆残。通体磨光，上宽下窄。

匕身刻字，皆镶嵌绿松石，多有脱落，残剩十六字："壬午，王迡于䎽厬，徣（延）田于麦麓，隻（获）兕，亚赐……"记录了壬午这天，王巡猎于䎽厬，在麦麓捕获了兕，并将之赏赐给下属亚的事情。

这是殷墟目前所知第四件兕骨刻辞骨匕，也是唯一一件经过科学发掘出土的刻辞骨匕，意义重大。

残长26.5厘米。

**骨针**

2003年出自孝民屯南地殷墟文化四期早段墓葬中

编号 2003AXSM571：2

残。细长条形，针孔残失，针尖部经打磨。

长 6.3 厘米。

**骨针**

2003年出自孝民屯南地殷墟文化三期墓葬中

编号 2003AXSM793：2

残。细长条形，残存外针尖，经切削、打磨，表面光滑。

长 3.1 厘米。

## 武器类

**骨镞**

1966年出自大司空发掘区殷墟时期墓葬中
编号 1966ASM328：01
宽叶，尖部锐利，有后锋，铤部呈圆柱状。
长 4.9 厘米；
长 4.7 厘米。

**骨镞**

1973年出自小屯西地发掘区殷墟时期灰坑中
编号 1973ASTH62：17
中脊微凸，无后锋，长铤较粗，呈圆锥状。
通长 11 厘米、铤长 5.9 厘米。

**骨镞**

2003年出自孝民屯南地殷墟文化三期墓葬中
编号 2003AXSM610：4，
仿铜镞。
镞身呈柳叶形，有中脊，短翼尖直。短铤呈锥状，关长于本。
长 5 厘米、铤长 1.6 厘米、翼宽 1.7 厘米。

**骨镞**

1983年出自大司空发掘区殷墟时期墓葬中
编号 1983ASM623：4
仿铜镞。前锋略残，后锋尖锐，镞身呈柳叶形，铤部呈圆锥状，末端尖锐。
长4.8厘米、翼宽1.6厘米。

**骨镞（正反面）**

1978年出自侯家庄王陵区墓葬中
编号 1978HBM1：06-6
镞身扁平，铤呈圆锥形。器身可见加工痕迹。
残长7.9厘米。

**骨镞（正反面）**

1978年出自侯家庄王陵区墓葬中
编号 1978HBM1：06-10
镞身整体呈扁平状，中脊微凸，背面较凹。
镞身满布细痕，应是加工痕迹。
长 9.1 厘米。

**骨镞（正反面）**

1978年出自侯家庄王陵区墓葬中
编号 1978HBM1：06-12
镞身整体呈扁平状，中脊微凸，背面较凹。器身加工痕迹清晰可见。
长 9.5 厘米。

殷墟出土骨角牙蚌器

**骨镞**

1978 年出自侯家庄王陵区墓葬中

编号 1978HBM1：08-10

前锋尖利，镞身为三棱形，中脊凸出，铤呈圆锥形。

长 10 厘米。

**骨镞（正反面）**

1978 年出自侯家庄王陵区墓葬中

编号 1978HBM1：08-16

前锋较锐，镞身宽扁，一面中脊微凸，一面较平，铤呈圆柱状。器身加工痕迹较明显。

长 10 厘米。

**骨镞**

1978年出自侯家庄王陵区墓葬中
编号 1978HBM1：08-14
前锋较锐，中脊微凸，铤部呈圆柱状。铤部可见加工痕迹。
长9.3厘米。

**骨镞**

1978年出自侯家庄王陵区墓葬中
编号 1978HBM1：08-5
前锋微残，中脊微凸，铤部呈圆柱状。器身可见加工痕迹。
长9.9厘米。

**骨镞（正反面）**

1978 年出自侯家庄王陵区墓葬中
编号 1978HBM1：08-1
前锋较钝，镞身为三棱形，一面中脊微凸，一面较平，铤部呈圆锥形。器身可见加工痕迹。
长 9.3 厘米。

**骨镞**

1978 年出自侯家庄王陵区墓葬中
编号 1978HBM1：08-55
镞身呈三棱形，铤部较粗，呈圆锥形，末端有明显削痕。
长 6.5 厘米。

## 骨镞

2004年出自大司空发掘区殷墟时期夯土房基垫土内
编号 2004ASF11 垫土：1
前锋尖锐，圆柱形铤，下残。
长6.6厘米、脊厚0.7厘米。

## 骨镞（正反面）

1978年出自侯家王陵区墓葬中
编号 1978HBM1：06-1
镞身扁平，铤呈圆锥形。
长8.8厘米。

**骨镞**

2003年出自孝民屯北地殷墟文化四期晚段墓葬中

编号 2003AXNM177：10

出土自墓主头前二层台上。

镞身呈圆柱状，前锋尖锐，铤部细长锐利。

通长 7 厘米。

**骨镞**

2009年出自王裕口南地发掘区殷墟文化灰坑中

编号 2009ATYH324 ⑦：10

镞身磨光、呈圆柱状，前锋较钝，铤部细长锐利、未经磨光。

残长 7.05 厘米。

**骨镞**

1976年出自殷墟宫殿宗庙区妇好墓中
编号 1976AXTM5:1
镞身呈圆柱状,有数道凸脊。前锋圆钝,铤部细长,呈圆锥状,尾部尖锐。
修复后长 11.2 厘米。

**骨镞**

1976年出自殷墟宫殿宗庙区妇好墓中
编号 1976AXTM5:7
镞身呈圆柱状,有脊。前锋圆钝,铤部较短,呈圆锥状。身与铤之间有明显切痕,铤部有削痕。
残长 9.2 厘米。

**骨镞**

2001年出自殷墟花园庄东地54号墓

编号2001HDM54：390、2001HDM54：391

整体呈圆锥状，前端平齐。镞身及铤部经过打磨，有密集削痕。有学者推测此类骨镞是用以活捉猎物而不伤及皮毛。

M54：390残长3.87厘米、前端最大径1.57厘米、后端最大径0.65厘米；

M54：391长5.56厘米、前端最大径1.39厘米、后端最大径0.37厘米。

**骨戈**

2003年出自孝民屯北地殷墟文化三期墓葬中

编号2003AXNM137：16

出土于棺内，墓主头部右侧。残存三角条形援部，中部稍隆起。打磨光滑。

长10.6厘米、宽2.7厘米、厚0.4厘米。

## 装饰品类

**骨笄**

出自 1958 年张家坟发掘区殷墟时期灰坑中
编号 1958AKH12：11
素面，锥状。笄首有一圆孔，尖部锐利，通体磨光。
残长 12.5 厘米。

**骨笄**

出自 1966 年大司空发掘区殷墟时期文化层
编号 1966AST306③：503
素面，锥状。笄首有一圆孔，尖部锐利，通体磨光。
长 16.8 厘米。

**骨笄**

出自 1972 年小屯西地发掘区殷墟时期灰坑中
编号 1972ASTH34：17
双层顶，上层顶呈锥帽形，尖部锐利，通体磨光。
长 14.1 厘米。

**骨笄**

1976年出自殷墟宫殿宗庙区妇好墓中
编号 1976AXTM5：2
双重圆盖形顶，上层顶微凸。笄杆细长，上粗下细，尖部锐利。通体磨光。
残长 16.6 厘米。

**骨笄**

1976年出自殷墟宫殿宗庙区妇好墓中
编号 1976AXTM5：120
双重圆盖形顶，上层顶微凸。笄杆细长，上粗下细，尖部锐利。通体磨光。
长 17.5 厘米。

**骨笄**

1976年出自殷墟宫殿宗庙区妇好墓中
编号 1976AXTM5：1543
形制与 M5：120 近似。
长 16.8 厘米。

**骨笄**

　　1976年出自殷墟宫殿宗庙区妇好墓中

　　编号 1976AXTM5∶196

　　笄首呈扁平梯形状，下侧有对称缺口，两面四边阴刻线纹。笄杆细长，上粗下细，尖部残缺。通体磨光。

　　残长12.4厘米。

**活帽骨笄**

　　2003年出自孝民屯南地殷墟文化四期早段墓葬中

　　编号 2003AXSM409∶3

　　帽鼓面呈笠形，平面有一圆孔，用于插笄杆。笄杆两端均残，长条形，较粗，中间较圆，两端扁平。

　　帽径2.3厘米、高1.1厘米、杆残长21.8厘米。

**活帽骨笄**

2003 年出自孝民屯南地殷墟文化三期墓葬中

编号 2003AXSM847：1

与 2003AXSM409：3 活帽骨笄形制相似。

残长 17.6 厘米、帽径 2.1 厘米。

**骨笄帽**

2003 年出自孝民屯南地殷墟文化三期墓葬中

编号 2003AXSM666：2

呈笠形。平面有一圆孔，用于插笄杆，孔外缘有领凸起，两侧有小穿孔一对，打磨光滑。

径 2.3 厘米。

**骨笄**

出自 1972 年小屯西地发掘区殷墟时期灰坑中

编号 1972ASTH6①：77

即"羊字形"骨笄。

平顶。顶端有一缺口，左右两侧有三组对称缺口，似锯齿状，笄身较扁，通体磨光。

长 14.7 厘米。

**骨笄**

出自 2009 年王裕口南地发掘区殷墟文化时期灰坑中

编号 2009ATYH443②：01

形制与 H6①：77 骨笄相似。

残长 15.1 厘米。

**骨笄**

1976年出自殷墟宫殿宗庙区妇好墓中
编号 1976AXTM5：105
笄首呈夔形，刻锯齿形扉棱，扉棱上钻出小圆孔。臣字目，张口露齿，杆从口出。笄杆细长，通体磨光，造型精美。
残长 20.2 厘米。

**骨笄**

1976年出自殷墟宫殿宗庙区妇好墓中
编号 1976AXTM5：107
形制与 M5：105 骨笄近似。
残长 16.8 厘米。

**骨笄**

1976年出自殷墟宫殿宗庙区妇好墓中
编号 1976AXTM5：275
这一件与下述四件皆属于齿状冠凤鸟形骨笄，而各件在冠状纹饰、喙部状态上又有所差别。此形骨笄应是仿照真实凤鸟雕刻而成，造型别致。
残长 11.9 厘米。

**骨笄**

1976年出自殷墟宫殿宗庙区妇好墓中
编号 1976AXTM5：279
长 14.5 厘米。

**骨笄**

1976年出自殷墟宫殿宗庙区妇好墓中
编号 1976AXTM5∶280
残长 11.7 厘米。

**骨笄**

1976年出自殷墟宫殿宗庙区妇好墓中
编号 1976AXTM5∶142
长 12.8 厘米。

骨器

**骨笄**

1976年出自殷墟宫殿宗庙区妇好墓中
编号1976AXTM5∶155
残长11.5厘米。

**骨笄**

现藏台北"中央研究院"历史语言研究所
1934~1935年出自侯家庄王陵区1001号大墓
编号HPKM1001∶R003998
与前述冠状凤鸟形骨笄相似,而整体制作较粗厚。笄身下端残缺。
残长6.9厘米。

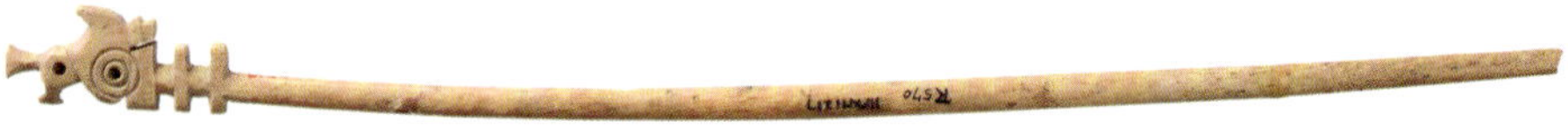

**骨笄**

现藏台北"中央研究院"历史语言研究所
1935 年出自侯家庄王陵区 1217 号大墓
编号 HPKM1217：R000570
锥状冠，短喙，以小圆孔为眼，身刻三周同心圆，尾上翘。杆细长，尖残，上方有"王"字形座。
残长 21.8 厘米。

**骨笄**

现藏台北"中央研究院"历史语言研究所
出自殷墟宫殿宗庙区墓葬中
编号 YM242：R000593
笄首为平顶鸟形，喙扁平，尾平伸。笄杆为扁锥状。
通长 18.5 厘米。

**骨笄**

现藏台北"中央研究院"历史语言研究所
1934~1935 年出自侯家庄王陵区 1001 号大墓
编号 HPKM1001：R004001
笄首为半圆雕蝎子状，钳、首刻云雷纹，身、尾刻鳞纹。笄首反面有两孔，腹部有六道凸起的足。
残长 5.8 厘米。

**骨泡**

2001年出自殷墟花园庄东地54号墓

编号 2001HDM54：346、2001HDM54：400

M54：346，圆形，中穿一孔，一面较平，一面微凸。凸起一面饰逆时针涡纹，涡纹内原镶嵌绿松石，清理时大多脱落。直径3.33厘米、孔径0.71厘米、厚0.21~0.74厘米。

M54：400，形制与M54：346相似，唯纹饰有所差别，涡纹较浅，四周饰锯齿纹。直径3.7厘米、孔径1.02厘米、厚0.27~0.65厘米。

**骨泡**

2001年出自殷墟花园庄东地54号墓

编号 2001HDM54：381、2001HDM54：202

M54：381，圆形，中穿一孔，素面。直径2.81厘米、孔径0.6厘米、厚0.34厘米。

M54：202与M54：381形制近似。直径2.7厘米、孔径0.7厘米、厚0.21~0.6厘米。

**骨饰**

1973年出自安阳钢铁公司焦化厂发掘区殷墟文化时期灰坑中
编号 1973AGJH1 ①：51
环状或盖状，大小不一，应是饰品。
圆环直径 1.2~1.8 厘米，帽直径 1.65 厘米、高 1.1 厘米。

**骨饰**

1973年出自安阳钢铁公司焦化厂发掘区殷墟文化时期灰坑中
编号 1973AGJT3 ③：6
环状，大小不一。
直径 1.3~2.2 厘米。

**骨管**

2003年出自孝民屯南地殷墟文化四期早段墓葬中

编号2003AXSM671：2

两侧各有一排4个对称的小圆孔。腐朽严重。

残长3.5厘米、直径2~2.5厘米。

**骨管**

2003年出自孝民屯南地殷墟文化四期晚段墓葬中

编号2003AXSM782：3

残。由动物股骨锯截而成，圆筒状，管壁厚，有切削痕迹。

长11.1厘米、直径4.6厘米。

**骨管**

2003年出自孝民屯南地殷墟文化四期早段墓葬中

编号2003AXSM419：14

残。体短小，管壁较厚，有刀削痕。通体被染成绿色。

长1.5厘米、直径2厘米。

**骨饰**

2003年出自孝民屯南地殷墟文化四期晚段墓葬中

编号2003AXSM214：4

体短小，由动物肋骨锯截而成。一端有一圆形钻孔，表面有切削痕迹。

长1.4厘米、宽1.5厘米。

**骨饰**

2003年出自孝民屯北地殷墟文化二期晚段墓葬中

编号2003AXNM166：9

残。由动物肋骨锯截而成，体呈圆头楔形，一端有一圆形钻孔。

残长1.9厘米、宽0.7厘米。

骨器

**骨饰**

2003年出自孝民屯南地殷墟文化四期早段墓葬中

编号 2003AXSM222：3

牙黄色。体呈扁平长方形，残存一端，两面各用阳线雕刻一夔纹。

残长2.2厘米、宽1.4厘米。

**骨饰**

现藏台北"中央研究院"历史语言研究所

1934~1935年出自侯家庄王陵区1001号大墓

编号 HPKM1001：R005012

羊角状。末端卷起，上刻云雷纹，边出扉棱，背面有一齐整的小孔，整体制作精美。

长3.9厘米、宽4.5厘米。

## 骨饰

现藏台北"中央研究院"历史语言研究所
1934~1935年出自侯家庄王陵区1001号大墓
编号 HPKM1001：R003515、HPKM1001：R003518、HPKM1001：R003521

长条形，状似兽牙。R003515为弧形尖牙，一端稍残。R003518和R003521形制相近，各有四组齿牙。三器表面均有多道平行斜线的切割或打磨痕迹。

R003515长5.9厘米、宽0.5厘米。
R003518长4.5厘米、宽0.6厘米。
R003521长6.5厘米、宽1.4厘米。

**骨饰**

现藏台北"中央研究院"历史语言研究所
1935年出自侯家庄1550号大墓
编号 HPKM1550：R006377
长条形。一端残，一端内卷，有三枚尖齿，器身有两组上下排列的小孔。
残长8.4厘米、宽2.6厘米。

**骨饰**

现藏台北"中央研究院"历史语言研究所
1934~1935年出自侯家庄王陵区1001号大墓
编号 HPKM1001：R004688
为一弧面骨板，上下各刻一相向的虎首，中间凹陷，有一圆孔，纹饰及背面皆经磨光。
长5.3厘米、宽2.9厘米。

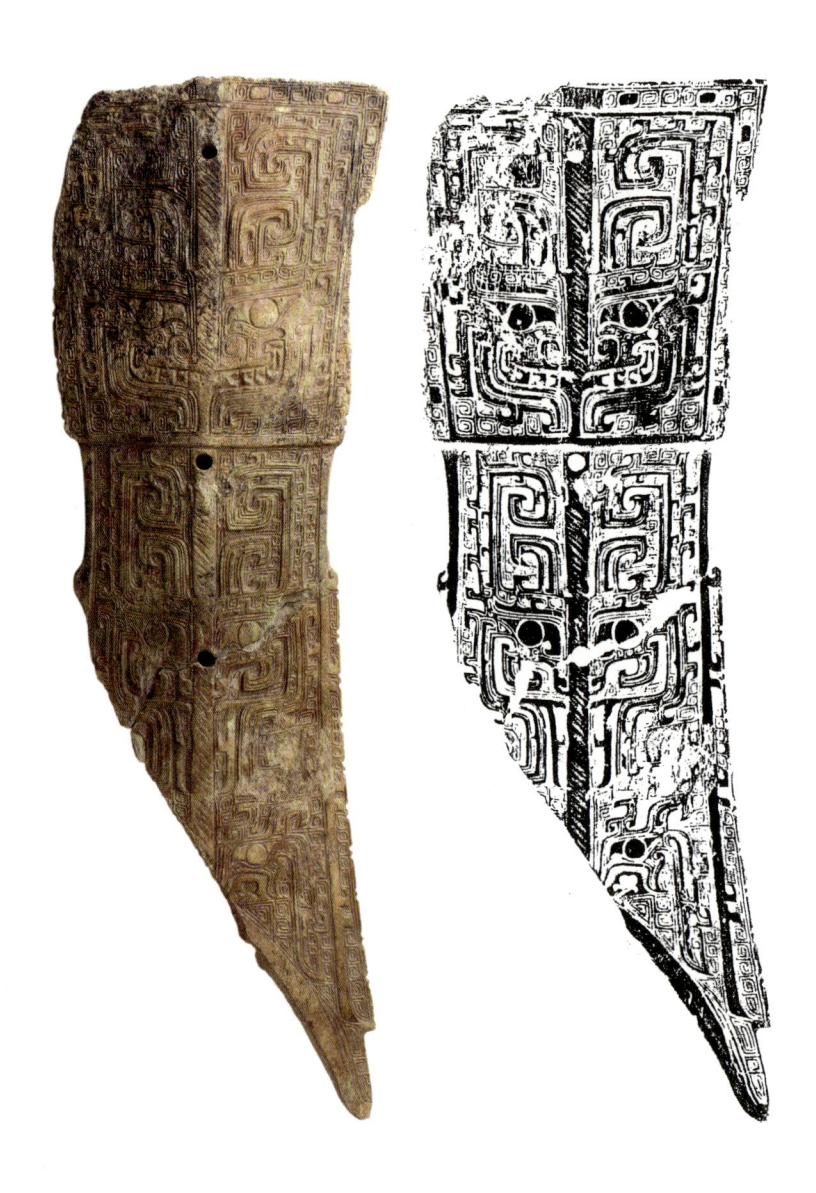

## 骨雕

现藏台北"中央研究院"历史语言研究所
1934~1935 年出自侯家庄王陵区 1001 号大墓
编号 HPKM1001：R004581

残。呈上宽下窄状。整体雕刻兽面纹，以云雷纹为地纹。中央以一道素面带为分界，将纹饰分解为两部分，上有圆孔。骨板宽大，制作精美。
长 17.3 厘米、宽 8.5 厘米、厚 1.2 厘米。

**骨饰**

现藏台北"中央研究院"历史语言研究研究所
1934~1935年出自侯家庄王陵区1001号大墓
编号 HPKM1001：R004586

　　上端残。以中央素面带为界各雕刻两只蜥蜴纹，蜥蜴头下方有二兽足，整体以云雷纹填地。下端呈分叉状，素面带及下端皆有精心排列的圆孔。雕刻细腻，工艺精湛。
　　长23.1厘米、宽8.4厘米、厚1.0厘米。

## 雕花骨器

安阳博物馆藏
馆藏编号 A02846

长条形，面鼓，上窄下宽，宽部有半环形。正面满饰浮雕花纹，主纹为一长身卷尾夔龙，圆眼、卷鼻，身饰菱形方格纹，以云雷纹为地纹。反面饰阴刻兽面纹。造型别致，纹饰精美。长 9.9 厘米、最宽处 3.9 厘米。

骨 器

**骨虎（正反面）**

1976年出自殷墟宫殿宗庙区妇好墓中
编号 1976AXTM5∶49
昂首竖耳，四肢前屈，长尾上卷。脊背雕云雷纹，眼、耳、鼻、身均镶嵌绿松石，大部分已脱落。发掘者从虎头前端断裂处推测，此物可能是刻刀之类的柄部。
长5.2厘米、高2.2厘米、厚1.0厘米。

**骨蛙（正反面）**

1976 年出自殷墟宫殿宗庙区妇好墓中
编号 1976AXTM5：58
深褐色。体较长，眼内镶嵌绿松石，嘴与腹部有对穿孔洞，四肢平伸，做跳跃状。
长 2.7 厘米、高 0.9 厘米。

**骨蛙（正反面）**

1976 年出自殷墟宫殿宗庙区妇好墓中
编号 1976AXTM5：86
棕黄色。眼内镶嵌绿松石，腹部有对穿圆孔，前肢平伸，后肢内屈，做踞蹲状。
长 2.2 厘米、高 0.9 厘米。

**骨鸟**

安阳博物馆藏
馆藏编号 C00409
浮雕立式鸟，头部缺失，爪、身雕刻细腻。
残高3.7厘米、宽1.7厘米、厚1.2厘米。

**骨埙**

现藏台北"中央研究院"历史语言研究所
1934~1935年出自侯家庄王陵区1001号大墓
编号 HPKM1001：R011005
呈橄榄状，深棕色，附有红色和绿色的物质。器身阴刻两组兽面纹。上端有一孔为吹口，一面两孔在兽面纹口、角下，一面三孔在兽面纹双眼及口部。埙底中心阴刻一"屮"字。
高5.3厘米、径1.6~2.8厘米。

殷墟出土骨角牙蚌器

**骨管形器（两件）**

2009年出自王裕口南地殷墟文化时期墓葬中
编号 2009ATYM171：01、2009ATYM171：02

长方体，中空，柄身被阴刻线纹分为数段。与出自殷墟的象牙尺相比，此器刻度并不精准，应非度量工具。推测可能系制骨原料，其上所划阴线或与制作某种方形骨器有关。

M171：01 通长14.6厘米、每格1.9~2.2厘米。
M171：02 通长9.6厘米、每格1.7~2.2厘米。

## "五"字纹骨器

安阳博物馆藏
馆藏编号 A02847

长条形。鼓面凹背，面刻阴线"五"字，竖排两行共九个。"五"字是较为常见的刻画文字，此件骨器上的"五"字或为计数用。

长11厘米、宽3.1厘米、厚1厘米。

## 骨凹形器

2003年出自孝民屯北地殷墟文化四期晚段墓葬中

编号 2003AXNM177：3
完整。体短直。
长2.4厘米、宽2.1厘米。

**骨凹形器**

2003年出自孝民屯北地殷墟文化四期晚段墓葬中

编号 2003AXNM177：14

完整。体弯曲。未打磨。

长3.8厘米、宽1.8厘米。

**骨凹形器**

2003年出自孝民屯南地殷墟文化四期晚段墓葬中

编号 2003AXSM674：3

出土于椁盖上，保存完整。体略弯曲，上端有"U"形叉，束腰，下端剖面呈半圆形。

长4厘米、宽1.6厘米。

角器

## 鹿头骨

2004年出自大司空发掘区殷墟文化时期灰坑中

编号 2004ASH281：022

鹿头盖骨及角，头盖骨下端痕迹不甚规整。或系制骨所用原材料。

## 鹿角

1963年出自大司空南发掘区殷墟文化时期地层中

编号 1963ASNT290④：500

叉状。未经切割、打磨。残长34.3厘米。

**鹿角**

2009年出自王裕口南地发掘区殷墟文化时期灰坑中
编号 2009ATYH436：1
残。叉状，有打磨痕迹或鹿活着时磨角时留下的痕迹。

**鹿角**

2003年出自孝民屯北地殷墟文化三期墓葬中
编号 2003AXNM144：5
尖部残，表面光滑。
残长10.1厘米。

123 — 角器

**加工后鹿角**

1960 年出自大司空发掘区殷墟文化时期灰坑中
编号 1960ASH110③:2
切痕齐整，应系制骨废料。
长 19.2 厘米。

**鹿角器**

现藏台北"中央研究院"历史语言研究所

1934~1935年出自侯家庄王陵区1001号大墓

编号 HPKM1001：R003503

呈爪、牙状，上端一般为一小圆锥体。

长4.6厘米、径1.4厘米。

**鹿角器**

现藏台北"中央研究院"历史语言研究所

1934~1935年出自侯家庄王陵区1001号大墓

编号 HPKM1001：R003504

形制与R003503相似。

长4.9厘米、径1.6厘米。

**鹿角器**

现藏台北"中央研究院"历史语言研究所

1934~1935年出自侯家庄王陵区1001号大墓

编号 HPKM1001：R003506

形制与R003503相似。

长3.7厘米、径1.7厘米。

**鹿角器**

现藏台北"中央研究院"历史语言研究所

1934~1935年出自侯家庄王陵区1091号墓

编号 HPKM1091：R003505

形制与R003503相似。从形制看此类器物当系插嵌用，应为一种附件。

长4.8厘米、径1.1厘米。

**鹿角器**

1973年出自殷墟宫殿宗庙区殷墟文化时期灰坑中
编号 1973ASTH84 ③：7
上有砍砸痕迹，根部经过修整，尖部斜切。
通体磨光，应系复合用途工具。
修复后长 46.4 厘米。

**鹿角锥**

1973年出殷墟宫殿宗庙区殷墟文化时期灰坑中
编号 1973ASTH84 ②：6
根部经过切割，通体磨光，系利用制骨材料制作而成的工具。
长 24 厘米。

**鹿角器**

1959年出自后冈遗址殷墟文化时期地层中

编号 1959AHGTC5⑤：2

通体打磨，上有一孔，应系工具。

长 17.1 厘米。

**羊角器**

2004年出自大司空发掘区殷墟文化时期灰坑中

编号 2004ASH210：3

根部有腔，原腔内应装有柄，并有辖固定。

通体磨光，尖部锐利。

长 11.8 厘米。

## 雕花鹿角器

安阳博物馆藏
馆藏编号 A02819

以鹿角根部作头部，口、鼻、眼、角俱全，其余部分作龙身，满饰菱格纹、三角形纹，侧边作龙腹，饰鳞纹。此器依鹿角原形而顺势制作，整体似一弯曲夔龙，极具创意与匠心，为殷墟同类器物之罕见。

残长11.8厘米、宽3.4厘米、厚1.8厘米。

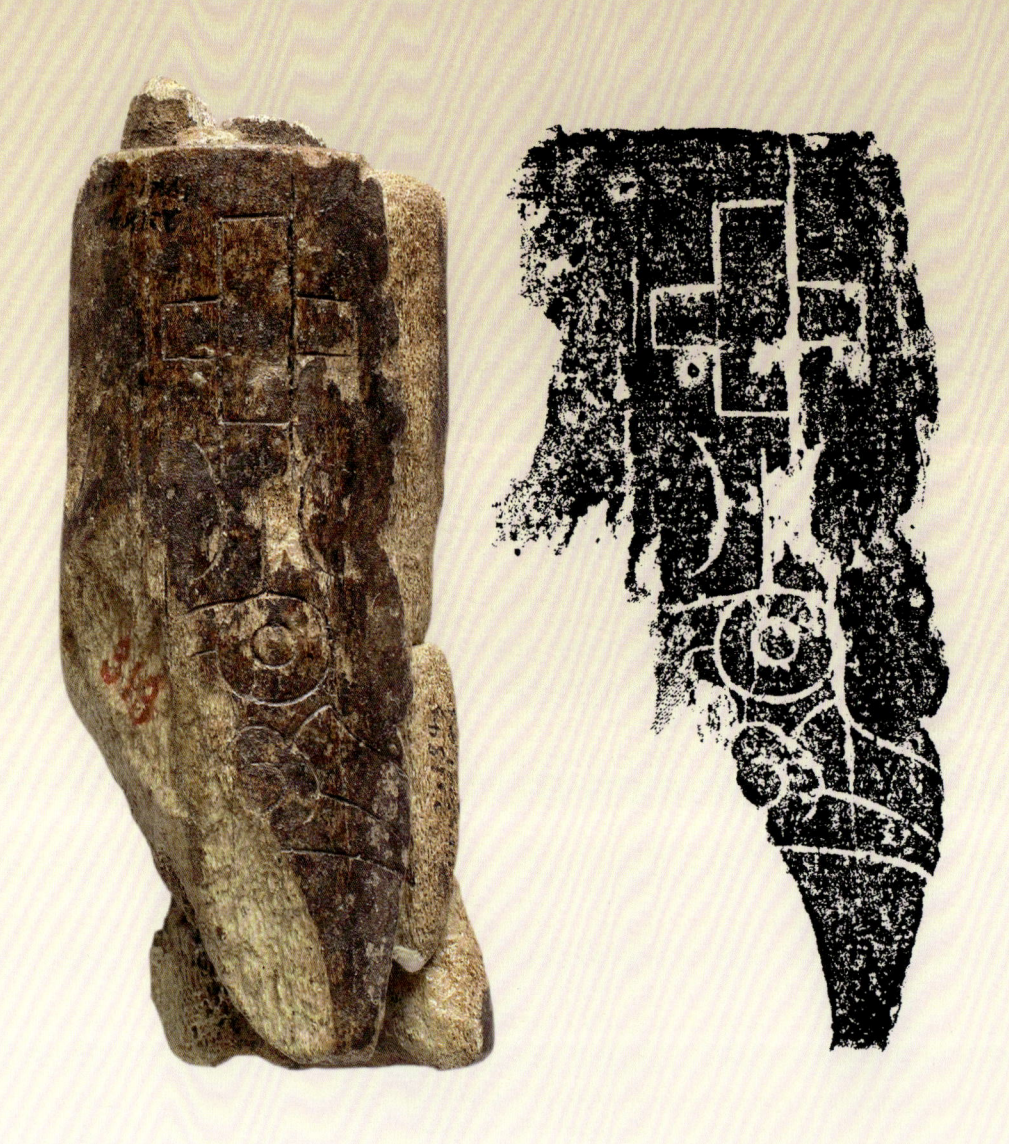

## 刻字角器

现藏台北"中央研究院"历史语言研究所
1934~1935 年出自侯家庄王陵区墓葬中
编号 HPKM1091：R003617

整体呈圆柱状，经过打磨，一端稍细，中央雕出圆柱形柄，已残。器内有腔，有明显刮削痕迹。器身有阴刻"亚雀"二字。
高 7.2 厘米、径 3.0 厘米。

牙器

**猪牙**

2003年出自孝民屯南地殷墟文化四期早段墓葬中
编号 2003AXSM571：3
保存较好，釉质洁白。
长 5.3 厘米。

殷墟出土骨角牙蚌器

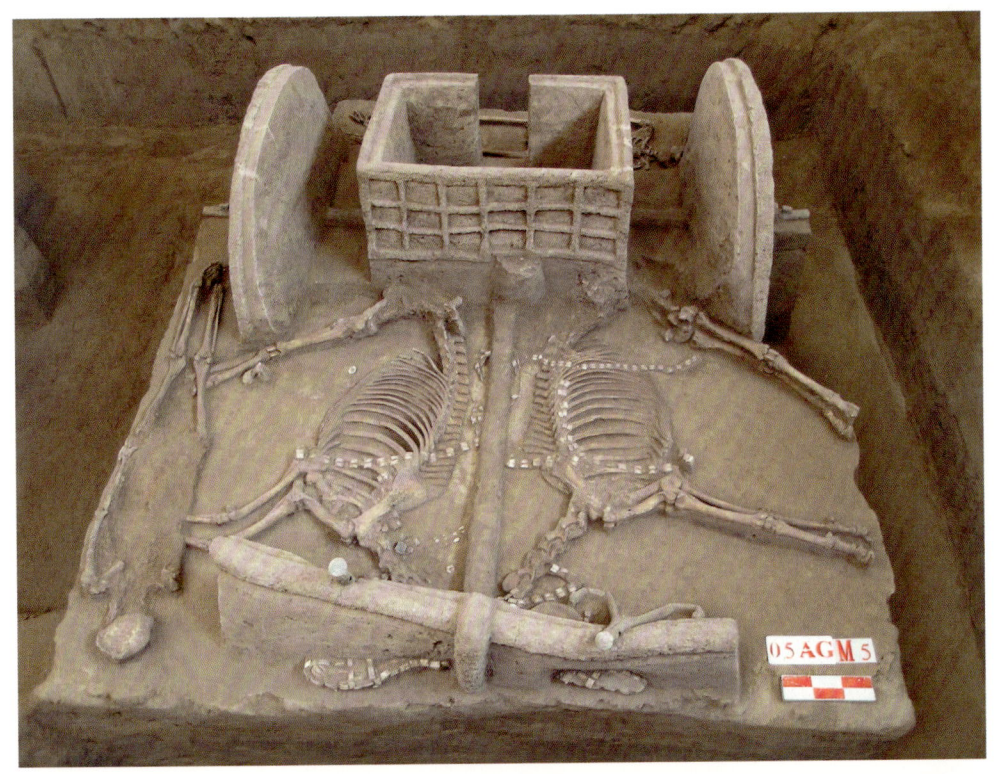

**牙质马笼头**

2005 年出自安钢
编号 2005AGM5
牙饰除镶嵌外，还可以作为车马器使用。此座车马坑中的马笼头便是牙片制成。

## 象牙饰

现藏台北"中央研究院"历史语言研究所

1935年出自侯家庄王陵区1443号大墓

编号 HPKM1443：R006465

牙黄色，桃状，下缺一角。器身边缘雕刻一周几何纹，中央凹陷，雕刻一卷曲蛇纹，形状与器身相似，以云雷纹填地。造型别致，制作精美。

最长3.75厘米、最宽3.0厘米。

## 象牙钮

现藏台北"中央研究院"历史语言研究所

1934~1935年出自侯家庄王陵区1003号大墓

编号 HPKM1003：R004734

残存一半，应系器物盖钮。纹饰带可分为两组，主体部分系变形夔龙纹，其上饰一周三角形纹。

高5.8厘米、宽3.9厘米。

**象牙梳**

现藏台北"中央研究院"历史语言研究所

1934~1935年出自侯家庄王陵区1003号大墓

编号 HPKM1003：R004808

残长13.5厘米、宽5.3厘米、厚0.9厘米。

**象牙梳**

现藏台北"中央研究院"历史语言研究所

1935年出自侯家庄王陵区1443号大墓

编号 HPKM1443：R006466

残。从残存部分看，此器与R004808象牙梳形制近似，从上至下分为三部分：顶端凸出，雕刻兽面纹，R004808顶端尚有一横穿孔洞；中部为梳柄，从上至下雕刻兽面纹、凤鸟纹和三角形纹；下部为梳齿。二器对比，R006466较R004808制作精美，纹饰繁复，且镶嵌绿松石。

残长6.7厘米、宽5.4厘米、厚1.0厘米。

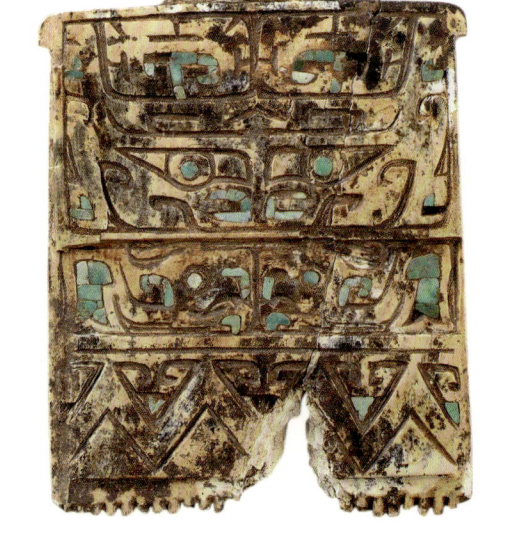

**象牙器柄**

现藏台北"中央研究院"历史语言研究所
1935年出自侯家庄王陵区1500号大墓
编号HPKM1500：R018298

从残存部分看，此器应是某种器物的柄部。器表通体雕刻纹饰，顶端为斜格纹，内嵌绿松石，多已不存。器表可分为三段：上段饰倒三角纹；中段较宽，为主体纹饰，饰兽面纹，部分镶嵌绿松石；下端饰云雷纹。

残长11.5厘米、径3.9厘米。

## 象牙豆

现藏台北"中央研究院"历史语言研究所
1934~1935 年出自侯家庄王陵区 1001 号大墓
编号 HPKM1001：R011007
仅存一部分豆盘。从残存部分看，盘身应饰一周变形夔龙纹，并填以云雷纹。残高 5.3 厘米。

## 带流虎鋬象牙杯

1976 年出自殷墟官殿宗庙区妇好墓中

编号 1976AXTM5：99

  米黄色，经复原。系用象牙根制成，杯身呈圆筒状，上端有流，流一侧稍内收，底已残失。通体雕刻花纹，通体皆以云雷纹填地，细腻形象，繁复精美。

  杯身纹饰从上到下，可按流、身、底分为三段：流部雕刻夔龙纹、兽面纹；杯身部分纹饰复杂多样，流部一侧和鋬处一侧分别构图，以兽面纹和凤鸟纹为主；底部与杯身以一道凹槽为界，雕刻两组不同类型的夔纹，两组夔纹又以两道凹槽为界分为上下两部分。杯鋬断为两节，上部饰侧视兽面纹，下部饰一浮雕的虎，长尾上卷，四肢前屈，身、尾雕鳞纹。

  杯身高 42.0 厘米、流长 13.0 厘米、流宽 7.6~7.8 厘米。

## 夔鋬象牙杯

1976年出自殷墟宫殿宗庙区妇好墓中
编号1976AXTM5：101

用象牙根制成，米黄色，经复原。杯身似觚，侈口薄唇，中腰微束，腹腔下部安有圆形底。

通体雕刻纹饰，由口向下可分为四段：第一段饰兽面纹四组，眼、眉、鼻镶嵌绿松石，其下又镶嵌出一周绿松石带；第二段饰三组兽面纹，并镶嵌绿松石，兽面纹下又雕倒三角形纹，三角形纹两侧有对称夔龙纹，其下亦镶嵌出一周绿松石带；第三段饰变形夔龙纹三个，眼镶绿松石，其下用绿松石镶嵌出三周纹饰带；第四段饰兽面纹三组，并镶嵌绿松石。鋬上端两面雕鸟纹，钩喙短冠，眼镶绿松石，其下雕凸起兽头一个，双角上竖，口、眼、眉均镶绿松石。

杯身高30.5厘米、口径10.5~11.3厘米。

# 蚌器、贝、螺

**蚌饰**

1978年出自侯家庄王陵区墓葬中
编号 1978AHBM1∶015-5
残长4.9厘米、宽2.7厘米。

**蚌饰**

1978年出自侯家庄王陵区墓葬中
编号 1978AHBM1∶015-6
残长4厘米、宽1.7厘米。

**蚌饰**

现藏台北"中央研究院"历史语言研究所
1934~1935 年出自侯家庄王陵区 1001 号大墓
编号 HPKM1001：R003578
长 7.1 厘米、宽 2.4 厘米。

**蚌饰**

现藏台北"中央研究院"历史语言研究所
1934~1935 年出自侯家庄 1088 号探沟
编号 SHPKPHPK1088：R003588
此器与上述三种蚌饰形制近似，一端弧，一端切割成齿牙状，整体形似扁棱，应是作镶嵌用。
长 5.4 厘米、1.9 厘米。

蚌器、贝、螺

**蚌饰**

现藏台北"中央研究院"历史语言研究所
1934~1935年出自侯家庄王陵区1001号大墓
编号 HPKM1001：R003568
长条形蚌片，上端作锯齿状，下端或弧或平。
长6.0厘米、宽2.2厘米。

**蚌饰**

1978年出自侯家庄王陵区墓葬中
编号 1978AHBM1：015-3
与R003568蚌饰形制相近。
残长4.8厘米、宽2.2厘米。

## 蚌饰

现藏台北"中央研究院"历史语言研究所

1934~1935 年出自侯家庄王陵区 1001 号大墓

编号 HPKM1001：R003571

应系兽形饰品，残存兽尾部分。上翘内卷，器身有倒 L 形镂空。

残长 4.3 厘米、厚 0.6 厘米。

## 蚌饰

现藏台北"中央研究院"历史语言研究所

1934~1935 年出自侯家庄王陵区 1001 号大墓

编号 HPKM1001：R003572

兽形饰品。兽头朝左，卷鼻上翘，卷舌钩唇，眼睛近方，脑后有角上翘，一足前伸，兽身立于横片上。

残长 5.7 厘米、宽 4.0 厘米。

## 蚌饰

现藏台北"中央研究院"历史语言研究所

1934~1935 年出自侯家庄王陵区 1001 号大墓

编号 HPKM1001：R003573

兽形饰品，残存兽头部分。卷鼻内勾，鼻上有隆起，嘴微张，椭圆形眼，脑后有弯角，造型憨态可掬。

残长 3.9 厘米、宽 0.6 厘米。

## 蚌饰

现藏台北"中央研究院"历史语言研究所
1937 年出自殷墟宫殿宗庙区 333 号墓
编号 YM333：R000492
蟠龙形。自头至尾，由粗变细，龙头位于中央，呈逆时针盘绕，角、眼、吻部清晰可见，身饰云雷纹。
径 5.2 厘米、厚 0.4~1.2 厘米。

**蚌饰**

　　现藏台北"中央研究院"历史语言研究所
　　1934~1935年出自侯家庄王陵区1001号大墓
　　编号 HPKM1001：R003575
　　兽面。角、眼、嘴部镂空，脸颊两侧刻出对称锯齿状扉棱。
　　长3.2厘米、厚0.7厘米。

**蚌饰**

　　现藏台北"中央研究院"历史语言研究所
　　1934~1935年出自侯家庄王陵区1001号大墓
　　编号 HPKM1001：R003576
　　右耳缺失，与R003575蚌饰形制相似。
　　长4.0厘米、厚0.7厘米。

**蚌饰**

　　现藏台北"中央研究院"历史语言研究所
　　1934~1935年出自侯家庄王陵区1001号大墓
　　编号 HPKM1001：R003597
　　以圆形或同心圆形为中心，向外辐射三角形齿，状似太阳。应系某种器物的镶嵌附件。
　　直径4.3~6.3厘米、厚0.9厘米。

**蚌饰**

现藏台北"中央研究院"历史语言研究所

1934~1935年出自侯家庄王陵区1001号大墓

编号HPKM1001：R003598

与R003597蚌饰形制相似。

直径4.6~5.9厘米、厚0.9厘米。

**蚌饰**

现藏台北"中央研究院"历史语言研究所

1934~1935年出自侯家庄王陵区1001号大墓

编号HPKM1001：R003599

以圆心为中心，向外伸出逆时针或顺时针的爪状齿，整体似圆涡纹之一种。

直径2.5厘米、厚0.8厘米。

**蚌饰**

现藏台北"中央研究院"历史语言研究所

1934~1935年出自侯家庄王陵区1001号大墓

编号HPKM1001：R003601

形制与R003599蚌饰相似。

直径3.6厘米、厚0.9厘米。

### 蚌饰

现藏台北"中央研究院"历史语言研究所
1934~1935 年出自侯家庄王陵区 1001 号大墓
编号 HPKM1001：R003602
残。花瓣形，中心有一矩形穿孔，四周各向外伸出二花瓣形齿。
长 4.8 厘米、宽 4.6 厘米、厚 0.6 厘米。

### 蚌饰

现藏台北"中央研究院"历史语言研究所
1934~1935 年出自侯家庄王陵区 1001 号大墓
编号 HPKM1001：R003606
上端宽扁，下端呈尖齿状，整体似兽牙，可能系某种兽形制品的牙齿附件。
长 6.8 厘米、宽 2.6 厘米、厚 0.9 厘米。

**蚌饰**

现藏台北"中央研究院"历史语言研究所

1934~1935年出自侯家庄王陵区1001号大墓

编号 HPKM1001：R003771

状似兽角，由上至下饰弦纹、折线纹和云雷纹，下有一榫。

长5.5厘米、宽2.4~2.8厘米。

**蚌饰**

现藏台北"中央研究院"历史语言研究所

1934~1935年出自侯家庄王陵区1001号大墓

编号 HPKM1001：R024949

中心凸起呈圆目状，两边为对称扉棱，各有四齿。通体磨光。

长1.8厘米、宽1.2厘米、厚0.4厘米。

**蚌饰**

现藏台北"中央研究院"历史语言研究所

1935年出自侯家庄王陵区1550号大墓

编号 HPKM1550：R014626

鸟形饰，短喙分叉，圆眼，尾上翘，身下有数齿。

长3.3厘米、宽3.0厘米、厚0.1厘米。

**蚌饰**

2003年出自孝民屯南地殷墟文化三期墓葬中

编号 2003AXSM619：1

残。鱼形。体弧弯，扁平，嘴下垂，分尾，尾尖上卷，眼睛为一小孔，用于穿系。

长 4.0 厘米、宽 1.0 厘米、厚 0.2 厘米。

**蚌泡**

现藏台北"中央研究院"历史语言研究所

1934~1935年出自侯家庄王陵区1001号大墓

编号 HPKM1001：R003600

中央为涡纹，圆心凸出，四周刻出齿状棱，两齿残缺。

直径 2.9 厘米、厚 0.8 厘米。

**蚌泡**

现藏台北"中央研究院"历史语言研究所

1934~1935年出自侯家庄王陵区1001号大墓

编号 HPKM1001：R003761

顶部圆拱，整体似盖状，器身饰涡纹。

直径 2.6 厘米、厚 0.9 厘米。

**蚌泡**

现藏台北"中央研究院"历史语言研究所

1934~1935年出自侯家庄王陵区1001号大墓

编号 HPKM1001：R003765

整体似盖状，器身饰涡纹，圆心为一凹槽，内嵌绿松石。

直径4.0厘米、厚1.0厘米。

**蚌泡**

现藏台北"中央研究院"历史语言研究所

1934~1935年出自侯家庄王陵区1001号大墓

编号 HPKM1001：R003773

形制与R003765蚌泡相似。

直径5.0厘米、厚1.0厘米。

**蚌泡**

1984年出自安阳钢铁公司发掘区墓葬中

编号 1984AGM1711：1

八枚，个别有残缺。形制相近，唯大小不一。素面，中心有一圆形穿孔，表面光滑。

直径2.6~2.7厘米、厚0.3~0.45厘米。

## 蚌泡

1987年出自殷墟大司空发掘区墓葬中
编号 1987ASZM5

保存状况不佳，分为大小两种。制作不甚精细，形状不规整。素面，表面光滑，大者中心有一圆形穿孔。

蚌器、贝、螺

**蚌饰**

2003年出自孝民屯南地殷墟文化四期晚段墓葬中
编号 2003AXSM857：6
该墓出土此类蚌饰149件，发掘者推测应是"荒帷"的装饰品。
从穿孔看，此类器物应是上窄下宽，部分器物与柄形器形制相近。

## 螺钿漆器

2004年出自安阳钢铁公司变电站发掘区大墓中
编号 2004AGBDT0711M4:1

"螺钿"是一种嵌蚌饰工艺,螺钿漆器是嵌蚌饰漆器的统称。殷墟的螺钿漆器发现较少,以往只在侯家庄大墓中有所发现,器型有豆、案、抬盘等。此件螺钿漆器上端残缺,从剩余部分看,器型应为漆方罍。上面所嵌蚌饰可与前举各类蚌饰比照,一窥该类器物的功用。

## 蚌纺轮

1972年出自殷墟宫殿宗庙发掘区殷墟文化时期文化层中

编号 1972ASTT24⑦A：16

圆形。中心有一圆孔，表面光滑，制作精细，形似玉璧。推测可能是作纺轮用。

直径2.2厘米、厚0.2厘米。

## 蚌镰

1978年出自侯家庄王陵区墓葬中

编号 1978AHBM1：018

体形较长。凸背凹刃，刃部呈锯齿形，尖端残，应是蚌镰。

残长15.8厘米。

## 蚌镰

2000年出自安阳钢铁公司发掘区殷墟文化时期地层中

编号 2000AGT1③：1

两端残，凸背凹刃，刃部呈锯齿状。

残长9.4厘米。

殷墟出土骨角牙蚌器

**货贝**

1976年出自殷墟宫殿宗庙区妇好墓中

妇好墓共出土货贝6880枚，数量极多。有大小两种，大者居多。壳面皆呈白瓷色，绝大多数在壳面前端琢一圆孔，少数在壳面琢一椭长形较大的孔。大者长约2.4厘米，小者长约1.5厘米。此种货贝分布于中国台湾、南海以及阿曼湾、南非的阿果阿湾等地区。

蚌器、贝、螺

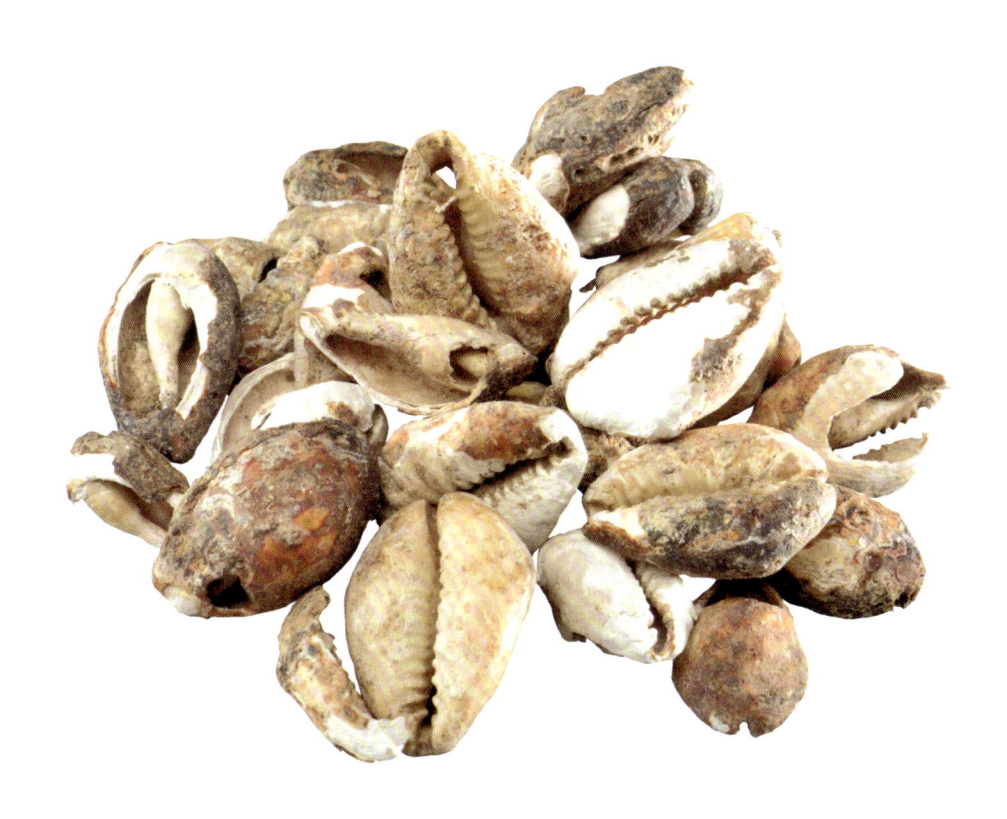

**货贝**

1987年出自大司空发掘区殷墟文化时期墓葬中
编号 1987ASBM74∶9
出土于墓主人口中。

货贝在墓葬中或作为装饰随葬,或握于墓主人手中,或置于墓主人口中。此墓所出货贝置于墓主口中,应是将之作为"口琀"用。

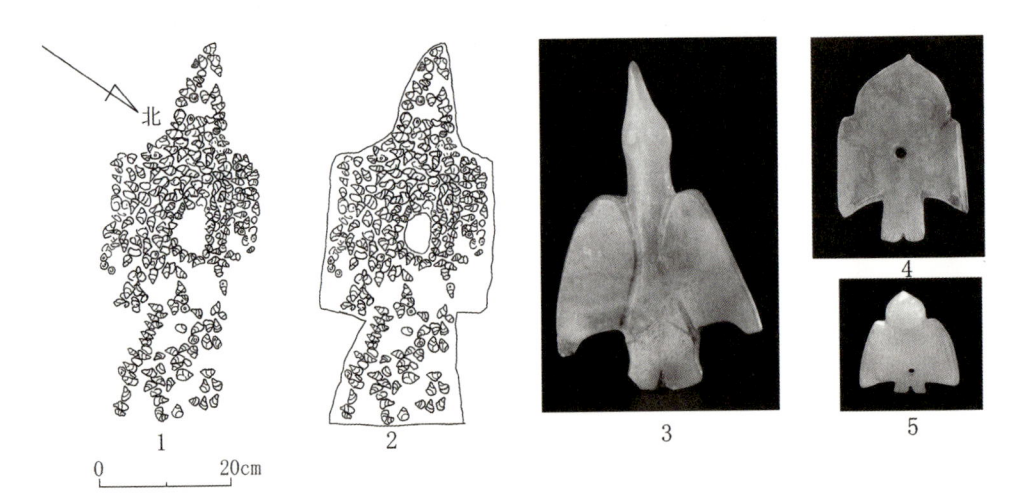

F22 北侧螺丝凤鸟图及相关资料

1. F22北侧螺丝图案  2. F22螺丝图案轮廓图  3. 殷墟74AGXM216
4. 滕州前掌大M3出土  5. 北京故宫博物院收藏

## 螺壳组合凤鸟图案及对比图

2004年出自大司空发掘区房基北侧
编号 2004ASF22

## 文蛤

1983年出自殷墟大司空发掘区墓葬中

编号1983ASM620：6

长5.6厘米、宽4.8厘米。

## 凤螺

2003年出自孝民屯南地殷墟文化四期晚段墓葬中

编号2003AXSM893：4

出土于墓主腰部。背部有一钻孔。

通长3.6厘米、宽2.5厘米。

## 红螺

2003年出自孝民屯南地殷墟文化四期早段墓葬中

编号2003AXSM910：2

出土于棺内。

微残。体大，厚重，表面密生螺旋形沟纹和尖瘤状突起。

长10.3厘米、宽8.8厘米。

**耳螺**

2003年出自孝民屯南地殷墟文化四期墓葬中
编号 2003AXSM867：4
该墓共出耳螺148枚，另出钻螺55枚，蜗牛壳35枚，耳螺上均有钻孔。

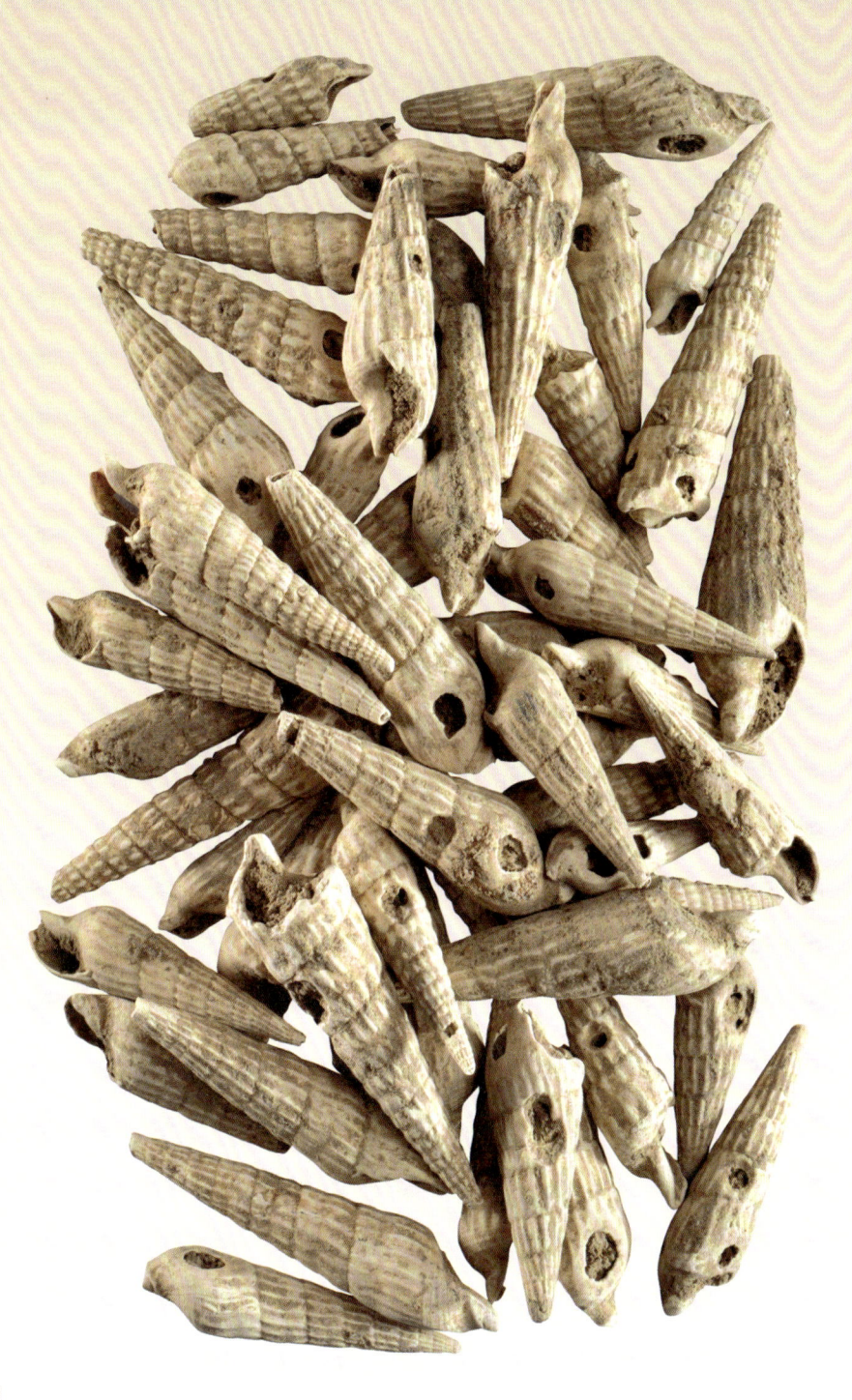

蚌器、贝、螺

**钻螺**

2003年出自孝民屯南地殷墟文化四期墓葬中
编号 2003AXSM867：4
该墓共出钻螺55枚，钻螺上均有钻孔。

**桋螺**

1991年出自安阳钢铁公司殷墟文化时期墓葬中
编号 1991AGM1933：1
数量极多，出于同一墓中，大小不一，皆有钻孔。
长2~2.8厘米。

## 蚌器、贝、螺

**毛蚶**

2003年出自孝民屯南地殷墟文化时期墓葬中
编号 2003AXSM818
体小，部分残朽。背部有放射肋，多数根部磨出一孔。
标本 SM818：1，宽2~2.6厘米。

殷墟出土骨角牙蚌器

**蜗牛壳**

2003 年出自孝民屯南地殷墟文化四期早段墓葬中
编号 2003AXSM735
多数残朽，无加工痕迹，共 31 枚。
标本 SM735：28，残，径 1.3 厘米。

鳄鱼骨

**鳄鱼骨**

1971 出自后冈遗址殷墟文化时期墓葬中
编号 1971AHGM47：6

**鳄鱼骨**

1980 年出自大司空 576 号墓
编号 1980ASM576：01

半成品及加工工具

半成品及加工工具

**骨笄半成品或残次品**

1973年出自安阳钢铁公司焦化厂发掘区灰坑中
编号 1973AGJH1 ①
　　基本是生产骨笄时损坏的半成品或残次品，表面都留有锯锉过程中形成的斜向螺旋纹。

殷墟出土骨角牙蚌器

**骨锥等器物的半成品或残次品**

2009年出自王裕口南地发掘区的灰坑中
编号 2009ATYH375：3

**截取的骨料**

1960年出自殷墟大司空发掘区灰坑中
编号 1960ASH110：5
牛掌骨骨干中部，从中部纵向剖开，应是准备制作骨笄等器物而取的备料。

**制骨废料**

1973年出自安阳钢铁公司焦化厂发掘区殷墟文化时期的灰坑中
编号 1973AGJH1①：1025
为骨干一部分，表面留有铜锯锯痕。

**磨石**

2006年出自殷墟铁三路发掘区墓葬中
编号 2006ATSM89：35
青灰泥岩，基本完整。长方形。通长14.3厘米、宽5.6厘米、厚1.4厘米。

**磨石**

2006年出自殷墟铁三路发掘区墓葬中
编号 2006ATSM89：37
灰色长石石英细砂岩。长方形。通长4.5厘米、宽3.4厘米、厚0.8厘米。

**磨石**

2006年出自殷墟铁三路发掘区墓葬中
编号 2006ATSM89：47
褐色石英细砂岩。出土时残断，修复。长方形，一端斜直，一端平。通长17.9厘米、宽8.7~9.1厘米、厚1.1厘米。

**铜锯**

2003年出自孝民屯南地殷墟文化三期墓葬中
编号 2003AXSM17∶7
较薄。长条形,已变形,背部有长条形穿孔,刃部有锯齿。残长14.1厘米、宽3.1~3.2厘米。

殷墟出土骨角牙蚌器

**石钻陀及铁三路制骨作坊钻陀复原**

复原过程及使用方法请参考《殷墟出土之钻陀及相关问题》一文。

## 图书在版编目（CIP）数据

殷墟出土骨角牙蚌器 / 何毓灵，李志鹏主编 . -- 北京：社会科学文献出版社，2018.10（2023.1 重印）
（发现殷墟丛书）
ISBN 978-7-5201-3305-0

Ⅰ．①殷… Ⅱ．①何… ②李… Ⅲ．①骨器（考古）- 研究 - 安阳 - 商代 Ⅳ．① K876.14

中国版本图书馆 CIP 数据核字（2018）第 192606 号

发现殷墟丛书
### 殷墟出土骨角牙蚌器

丛书主编 / 陈星灿　唐际根
主　　编 / 何毓灵　李志鹏

出 版 人 / 王利民
项目统筹 / 周　丽　高　雁
责任编辑 / 高　雁　李　佳　李　淼
责任印制 / 王京美

出　　版 / 社会科学文献出版社（010）59367143
　　　　　　地址：北京市北三环中路甲 29 号院华龙大厦　邮编：100029
　　　　　　网址：http://www.ssap.com.cn
发　　行 / 社会科学文献出版社（010）59367028
印　　装 / 北京盛通印刷股份有限公司

规　　格 / 开　本：787mm×1092mm　1/16
　　　　　　印　张：12.25　字　数：205 千字
版　　次 / 2018 年 10 月第 1 版　2023 年 1 月第 2 次印刷
书　　号 / ISBN 978-7-5201-3305-0
定　　价 / 228.00 元

读者服务电话：4008918866

版权所有 翻印必究